U0500609

大宗商品交易与风险管理智慧

CTRM软件演进与创新

〔美〕帕特里克·瑞姆斯（Patrick Reames）
〔捷克〕盖里·米歇尔·瓦齐（Gary Michael Vasey）　著

翌能　译

CTRM SOFTWARE
An Analyst View of a
Dynamic Software Market

浙江教育出版社·杭州

图书在版编目（CIP）数据

大宗商品交易与风险管理智慧 ：CTRM 软件演进与创

新 /（美）帕特里克·瑞姆斯（Patrick Reames），

（捷克）盖里·米歇尔·瓦齐（Gary Michael Vasey）著 ；

翌能译. -- 杭州 ：浙江教育出版社，2024. 10.

ISBN 978-7-5722-8720-6

Ⅰ．F713.1

中国国家版本馆 CIP 数据核字第 20247666RJ 号

大宗商品交易与风险管理智慧
CTRM软件演进与创新

DAZONG SHANGPIN JIAOYI YU FENGXIAN GUANLI ZHIHUI
CTRM RUANJIAN YANJIN YU CHUANGXIN

［美］帕特里克·瑞姆斯　　［捷克］盖里·米歇尔·瓦齐　著　　翌能　译

责任编辑： 周涵静
美术编辑： 韩　波
责任校对： 操婷婷
责任印务： 陆　江
封面设计： 张伯阳

出版发行： 浙江教育出版社（杭州市环城北路 177 号　电话：0571-88909724）
图文制作： 杭州林智广告有限公司
印刷装订： 杭州捷派印务有限公司
开　　本： 710 mm×1000 mm　1/16
印　　张： 14.5
插　　页： 1
字　　数： 201 000
版　　次： 2024 年 10 月第 1 版
印　　次： 2024 年 10 月第 1 次印刷
标准书号： ISBN 978-7-5722-8720-6
定　　价： 88.00 元

如发现印、装质量问题，影响阅读，请与承印厂联系调换。
（联系电话：0571-56798200）

在过去的22年里，我在大西洋两岸从事大宗商品交易和软件领域工作时遇到的所有丰富了我生活的人——谢谢你们。致经常想知道我究竟是靠什么谋生的我的孩子们——你们现在更清楚了吗？

盖里·米歇尔·瓦齐，捷克共和国布尔诺市，2023年

同我的商业伙伴和朋友盖里一样，我将永远对能为能源和大宗商品交易行业中一些最为睿智的人工作，并与他们共事多年而心存感激。然而，归根结底，我最感激的，也是我为之奉献一切的，生命中最重要的两个人——我出色的妻子朱莉和我们的女儿艾丽。

帕特里克·瑞姆斯，美国得克萨斯州亨茨维尔市，2023年

在此我们首先对《大宗商品交易与风险管理智慧：CTRM软件演进与创新》一书以及作者盖里和帕特里克表示深深的敬意。他们创建了备受尊敬的大宗商品科技咨询机构（Commodity Technology Advisory，ComTech）[①]，并将其发展成为了国际CTRM（Commodity Trading and Risk Management，大宗商品交易与风险管理）行业一个创新的第三方行业组织。他们不仅记录了这个行业的发展历程，还为行业提供了丰富的专业知识和公正独立的CTRM市场评价体系。他们的见解让我们深刻理解了这个行业的本质，我们期待着能够在他们奠定的研究基础上，共同开创更加美好的未来。

转眼间，翌能公司已成立9个年头，作为一家中国的CTRM/ETRM（Energy Trading and Risk Management，能源交易与风险管理）厂商，这可算是在"螺蛳壳里做道

---

① ComTech 是领先的涵盖 CTRM/ETRM 和大宗商品管理软件市场的研究机构。为全球供应商及终端用户提供针对日新月异的全球大宗商品市场至关重要的行业洞察和最新趋势分析。

场"的9年。作为翌能公司的总经理，2008年开始使用国际ETRM厂商提供的此类软件时，我就极为感叹，是什么样的人，在商品与金融两个领域拥有才华，却不把才华放在做大宗商品交易业务上来成就事业，而把心血付出在这样一个小众的专业软件上。这样的感慨不是空穴来风，真正用过国际一流水准的CTRM软件的业内人士，其实都会很惊讶，这款类似ERP（Enterprise Resource Planning，企业资源计划）系统的解决方案，竟能如此精妙地解决大宗商品交易行业业务、财务和风险管理一体化的难题。要推进这个"比四环多一环"的风险管理与业财一体化融合的流程，必须考虑复杂计价、商品衍生品、利汇率金融工具、量化建模和金融市场监管等诸多复杂问题，这些问题一度使得大宗商品交易行业的从业人员自始至终认为自己是准金融从业者，至少交易员和风控人员是这么觉得的，无论是从工作日常、商务环境，还是从被监管的角度。骨子里的金融态度，使得他们坚信自己需要的贸易业务管理系统不只是业务单据驱动的传统ERP，而应该和金融专业系统中的估值模型驱动一致。但在CTRM行业发展壮大之前，金融科技类解决方案供应商在实货业务领域的经验与能力让他们大失所望。中国国内CTRM行业短短十几年的发展进程与欧美40年左右的发展进程类似，CTRM从业者正追随着大宗贸易商们的冒险和创新精神，在现实的实货和虚拟的纸货复合世界中，以理解"波粒二象性"和"多维时空"等抽象精神为基础，一起努力为构筑和运营自由市场经济的坚实底座——大宗商品市场，尤其是基础原材料市场而服务。虽然不断遇到挫折，但坚定的信念造就了他们不断深入研究与创新的意志，从而开拓出一片独到的科技领域。

大宗贸易行业是建立在一系列国际国内"惯例"和行业"方法论"基础上的，这些产业知识很多是远离常识的，比如为什么买卖东西不直接标价，而是一定要以某个价格指数为基础，并约定计价期；为什么一个采购行为不是和买股票一样形成多头的交易敞口，而是有时被理解为一个形成空头的交易行为。大宗商品交易及其风险管理的复杂性使得为其提供软件服务成为一门高门槛的行当。虽然我在阅读本书时发现，美国最早做CTRM软件的专业人士为客户提供风险管理服务也是"摸着石头过河"，但这批拓荒者，包括交易员、风控和软件从业者等，他们一起通力合作，发挥出巨大能量，建立起这个专业化的软件序列。作为国内最早一代被交易员风控台账和随后的CTRM/ETRM系统逻辑"格式化"过的风险管理人员，我们迫切地希望国内的大宗商品交易领域能够尽早普及风险管理理念，迈入到风险管理方法论标准化并落地施用的时代。从领先企业内部师傅带徒弟的风险人才培养方式，到尽快形成社会化的职业风险管理人才培育机制，这个人才队伍包括了市场风险管理师（Market Risk Analyst）、信用风险管理师（Credit Risk Analyst）、产品控制（Product Control）、头寸管理师（Position Keeper）和风险量化师（Quant）等。人才迭代带动我国大宗商品交易模式和定价机制的不断优化，以及市场化水平的不断提高，使得我国在产业链上实现生产技术领先自主之外，形成管理技术领先的一定优势，发挥出中国作为全球大宗商品市场的重要参与者和消费国的综合实力。本书作者在书中屡次提到，当今国际风险管理领域越来越被刻板的、体系化的、例行的经验式风险管理模式所羁绊，脱离业务实际的风险管理往往会带来更大的、不可控的风险，所以我们更需要深入理解风险管理领域的历史发展脉络，知其所以然。CTRM/ETRM系统是风险管理这个业务领域的信息化载体，它的发展史和大宗商品交易领域的风险管理思想与技术发展史高度融合。精读本书将给读者带来广阔的思考空间，能够激励大家以"第一性原则"考虑手中的业务，寻求更主动的、有针对性的风险管理方式方法。这也是我们翻译这本书的最终目的。

大宗商品行业门类繁杂，遍布全球，商业环境瞬息万变，企业不得不面对越来越多的挑战，包括市场波动、监管压力、技术革新等等，CTRM软件市场将愈发重要和活跃。在大宗商品交易与风险管理领域，CTRM软件不仅仅是简单的工具，更是企业实现战略目标和保持竞争优势的关键。通过与作者的交流，我们深深理解了他们的期待：凝聚他们近30年的行业积累所著的《大宗商品交易与风险管理智慧：CTRM软件演进与创新》这本书，能够深入剖析这一充满活力和机遇的市场，为读者呈现全面而深入的行业洞察。分享带来价值，价值推动发展，让递薪传火成为大宗商品行业从业人员的一种职业精神。

无论您是企业领导者、前台交易和执行人员、中台风险管理人员、后台的结算与财务人员、金融科技行业专家还是软件供应商，本书都将为您提供宝贵的信息和见解，帮助您更好地理解市场，把握机遇，应对挑战。让我们共同探索大宗商品风险管理的世界与CTRM/ETRM软件市场的未来，共同创造更加繁荣和成功的明天！

祝阅读愉快！

郑鹏程

翌能（北京）咨询有限公司总经理

在过去的数十年间，全球 CTRM 软件市场经历了巨大的变化。从最初的简易工具发展至如今极其复杂的系统，CTRM 软件已经成为大宗商品交易和风险管理领域不可或缺的一部分。然而，随着时间的推移，许多经验丰富的从业者逐渐离开了这个行业，他们的知识和经验也随之流失。在这个瞬息万变的领域，知识和经验的传承显得尤为紧迫。正如中国古人云："前车之覆，后车之鉴。"为了让后来者能够更好地理解和应用 CTRM 软件，避免重蹈覆辙，我们决定将自己的经验和知识整理成书，以便更好地传承给下一代从业者。

如果您是该领域的买家、用户、顾问、供应商，那么本书正是您了解该领域的必读之书。我们在本书中尽可能翔实地论述了大宗商品交易与风险管理软件的各个层面，包括其本质、全球软件系统及厂商的发展历程、新兴技术的运用、实货交易的复杂性以及风险管理等。其中，CTRM 系统和厂商的历史可谓是本书的亮点之一。客户对行业演变史以及相关历史性问题的了解，有助于客户在众多 CTRM 系统中选择最适合自己的解决方案。与此同时，我们还对从 CTRM 系统的筛选、实施，直至最终的支持与运维等环节都进行了深入的讲解与指引。

中国作为全球重要的大宗商品消费与贸易市场，对全球大宗商品的供需平衡有着关键的牵动作用。中国的 CTRM 软件市场，无疑是一个充满着可能的广阔领域。我们诚挚地期望本书可以帮助中国的从业者了解 CTRM 软件的重要性和价值，能够为他们的探索前行之路提供全面且实用的参照。

最后，我们要感谢所有支持和帮助我们完成此书的人。我们希望这本书能够成为从业者的必备工具。我们也希望这本书能够激发更多人对 CTRM 软件的兴趣和研究，推动这个领域的不断发展和创新。

帕特里克·瑞姆斯　盖里·米歇尔·瓦齐

目录

CONTENT

CTRM

·1·

什么是CTRM及其相关软件?

大宗商品交易与风险管理涉及众多复杂的业务流程与策略，从简单转手贸易（买方购买一定数量商品后立即在同一地点转售以期获得利润），到涉及全球供应链的跨品种商品交易、各种转换及各类复杂的衍生品对冲策略。服务于这类广泛市场的市售软件被统称为大宗商品交易与风险管理（CTRM）软件。不同的CTRM软件在可能的功能覆盖范围上有所差异，有些专攻特定功能领域（比如为特定商品品类提供交易采集或风险分析），有些则努力创建精巧的统一解决方案，包含跨品种业务管理与量化建模等广泛功能，并尽可能兼顾不同品种实货执行处理中的共同性与差异性。鉴于此，CTRM软件类别很难定义，除非使用最广泛的术语。

CTRM是"Commodity Trading and Risk Management"的缩写，但这常用的名称只是笼统地描述了其所涵盖的范围，很难传达该类型软件真实的深度、广度和复杂性。该术语源于CTRM软件的一个分支——ETRM系统，即能源交易与风险管理系统。在北美放宽电力市场管制之后，这类服务于天然气与电力交易业务的软件开始被称为ETRM软件，然后，由盖里博士和安德鲁·布鲁斯（Andrew Bruce）在2006年以及由盖里博士和帕特里克（当然还有其他业内人士）在2010年进一步定义。之后，该表述又被改为CTRM软件，以表明该软件类别也涵盖除能源类商品以外的其他大宗商品品种，如软商品、农产品、金属、碳排放和运费等。在过去几年中，CTRM软件逐渐被看作一个更大的软件类别——CM（Commodity Management，大宗商品管理）软件的一部分，这使得服务于大宗商品市场的软件类别界线愈加模糊。

大宗商品管理解决方案通常应用于中下游大宗商品市场，以农产品为例，大宗商品管理解决方案服务于食品加工和包装公司、农产品商以及制造商等。另外，大宗商品管理软件有多种不同角度的表述，比如"大宗商品业务ERP"。作为研究分析机构，ComTech必须对各类供应商提供的产品（及其应用市场）的性质和能力进行分类，以帮助采购者更好地了解哪些解决方案能够满足他们的需求。随着CTRM软件产品市场不断扩大和成熟，软件供应商开始寻求更多的市场份额，为大宗商品市场提供服务的众多软件产品之间也不断相互影响，功能重叠程度持续增加，对这些产品的分类相应地变得更加复杂。

大宗商品管理（CM）是一个正在迅速崛起的应用领域，在某些方面比 CTRM 要宽泛得多，至少到目前为止，它的主要服务对象是采购、生产、加工或出售大宗商品的企业，而不是真正"交易"大宗商品的实体。随着CM概念在市场上的接受程度逐渐提高，这个术语被广泛描述为包含交易管理和风险管理的处理大宗商品业务整个过程的解决方案，以至于CTRM软件从本质上可以被视为CM软件的子类别。

ComTech将CM定义为包含大宗商品ERP系统和CTRM系统的软件解决方案超集，其中：

- 大宗商品领域的ERP系统侧重于实货端，专注于生产、采购、原产地、运输、储存并处理散装和包装的大宗商品。通常包括合同管理、采购、生产、物流、库存管理、检验、点价和定价、套期保值、财务结算等功能，主要用户群是生产商、工业用户和加工类企业。
- CTRM系统拥有"以交易为中心"的设计，重点关注采集和跟踪实货及衍生品交易，具有可配置的交易簿和报告结构、头寸计算和估值功能、盈亏管理，以及多种类风险的管理，如市场风险和信用风险，主要用户群是交易商和贸易商。

在实际应用和软件供应商的营销宣传中可以看到ERP系统和CTRM

系统有大量功能上的重叠。现实中，许多CTRM解决方案提供了大量ERP类功能，而ERP解决方案也越来越多地移植了CTRM系统的相关功能。

值得注意的是，因如下几点极为复杂的因素，用户在挑选大宗商品管理解决方案时会有很大的不同：

- 业务所涉及的大宗商品品种、品质特征以及供应链特性。
- 供应链中涉及的资产差异。
- 地域差异，包括因此产生的特有业务流程、语言要求等。
- 使用该软件的公司类型（覆盖的行业及领域）。
- 地方和国家法规。

然而，正如上文所述，这两个类别相互交融，因此在行业内和各供应商之间，定义会有很大的变化。整体而言，CTRM软件包含支持大宗商品交易相关的业务流程的程序、架构和工具。广义来看，大宗商品交易既包括原油、电力、黄金和大豆等商品的买卖，也包括对这些商品的加工、运输和交付的管理，以及相关的风险管理活动。因此CTRM软件包含一系列非常广泛的功能集，并且能够基于交易的商品品种、业务中使用的资产及资产所在地、国际和当地管理此类交易的现行法规，以及公司的业务策略和相关业务流程等不同，定制差异化程度极大的配置。

以往的CTRM解决方案通常是完全集成的模块化套装软件，用于帮助大宗商品贸易企业进行前、中、后台业务的管理。尽管在行业内，这样的定义和组织结构差异相当大，但前台通常涉及交易发起、交易采集和头寸管理，中台负责管理和报告交易活动产生的各类风险敞口，而后台则涉及结算和会计功能。此外，CTRM解决方案通常还包括运输管理或物流模块，使得贸易企业能够计划、跟踪、管理和核算从来源地以物理方式运输到使用地的商品数量，并管理在途库存。CTRM解决方案还包括可选的（资产、生产）预测和优化解决方案，以及越来越多的供应链管理相关的内容。CTRM软件包含了如此多的供应链功能，以至于应更准确地将CTRM软件定义为一种大宗商品管理解决方案。

近几年来CTRM已经变得越来越难以准确定义。过去CTRM系统的核心功能仅仅是采集交易、计算和管理头寸、报告风险敞口并对各类交易进行核算。然而近年来，在这些功能背后有许多细节的变化，其中更重要的问题是，针对围绕核心功能进行增强的有些功能是否可以视为CTRM的组成部分，比如商品管理、船舶管理、库存和设施管理、生产管理、管道管理、零售交易和其他类似的应用是否应该算作CTRM功能？这些问题存在很大争议。CTRM的边界变得越来越模糊，它现在与其他应用领域重叠，例如传统的ERP、会计、供应链优化、运营管理、财务管理等。

市场上越来越多的供应商开始提供广泛的模块套件，或被称为软件与服务的生态体系，其发展轨迹相对还未成形。这种发展轨迹不仅反映了各供应商及其软件的历史和起源，也体现了大宗商品交易行业不断变化的需求，因此对供应商及其产品历史的了解显得极其重要。这些模块都具备一定程度的可配置性，可以以多种方式进行组合，在功能和行业领域覆盖面等方面具有极强的灵活性。正是这一点使得给予CTRM高度契合的定义成为一项挑战。

CTRM和CM这两个概念可以包括更广泛的应用领域，而且随着技术的发展，此类服务和解决方案向生态体系不断发展的情况还会持续增多。在这个广泛的应用领域中，我们可以将诸如风险分析、数据管理、数据汇集、优化和预测等内容都看作CTRM或CM解决方案的一部分。

然而，在最严格的意义上，我们可以从下面几个方面来定义CTRM，并对其构成部分进行更深入的探讨。

1.1 前台应用

交易采集

交易采集功能让交易员能把他们做的各种实货和衍生品交易信息输入到系统中，以进行后续处理。虽然交易采集通常是从交易到发票开具这一长流程的开始，但是需要在系统内提前配置好合同类型、交易对手等主数据才能确保流程正确运行。

交易员对交易采集界面的易用性有很高的期待和需求，以便达到快速准确地输入交易信息的目的。因此，许多供应商开发了多种交易录入的方式，从类似Excel的"交易记录单"到更传统的长格式交易输入界面。通常，这些交易输入界面都是高度可配置的，允许交易员为界面上的许多数据项设置"默认值"，从而更快地输入数据。通过交易所和市场接口自动获取交易的现象也变得越来越普遍。

交易采集系统需要能够输入任何数量和类型的交易信息，包括实货交易和衍生品交易。这意味着交易采集可能包括一套复杂的界面和功能，因为每一种特定类型的交易都需要输入不同规格的数量和相应的规格属性。交易采集功能的一个问题是实货交易和衍生品交易可能会在不同的CTRM系统中进行采集。有时候，实货交易可能在交易管理系统中采集，而衍生品交易则在风险管理系统中采集。同一贸易公司使用不同的CTRM解决方案处理不同的商品或商品组时也会面临同样的问题。这就需要将相应的交易链接起来，否则可能导致集成和头寸管理上的问题。

随着行业的发展，许多商品的交易业务功能趋于标准化，行业中使用的交易工具和交易类型定义变得更清晰。相对应的，这也让相关供应商能开发出更好的支持交易员的解决方案。尽管如此，交易采集仍然可能是一个复杂的功能，特别是如果它与假设分析（What-If）这样的交易工具结合，或者是在需要提供像风险价值（Value at Risk）和盯市估值（Mark-to-Market Valuation）这样的实时估值和风险计量工具的功能时。随着大宗商品交易不可避免地向交易所交易和集中清算的方向发展，交易采集功能标准化的进程还将持续，但仍会有一小部分高度结构化的交易可能需要专门处理。

尽管交易采集功能的标准化程度越来越高，但它很少单独部署，通常作为CTRM整体解决方案中的一个模块发挥作用。在绝大多数情况下，交易采集模块都是与其他功能捆绑在一起的，作为交易处理的首道工序，与从预调度直至开票结算这样的常规流程相连接。

如今达成交易的方式众多，包括通过电话、交易所、即时通信软件（Instant Message，IM）和电子邮件。CTRM的交易采集功能必须适配所有这些不同的媒介以记录交易信息，同时还需要备份相关交易谈判信息，甚至可能包括录音。CTRM市场对交易所或其他交易系统的交易采集自动化接口需求不断增加。

根据使用CTRM解决方案的公司类型，额外的交易采集要求可能会产生。例如，持有自有发电设备的电力公司需要进行实时交易并同步记录。实时交易用于平衡发电生产过程，这些交易在电网出现实时需求时触发，也就是说电力日内交易处理与中长期批发交易的处理是分开的独立功能。有一些公司可能需要在销售节点上管理许多小额交易，比如农场直售或油田井口销售的资源生产商。事实上，除了满足传统贸易商的需求之外，CTRM解决方案可以针对特定类型用户的个性化交易输入系统需求，并提供更多的附加功能。

随着诸如EMIR[①]和REMIT[②]等监管法规出台，并要求将相关交易信息报告到监管交易数据库，交易采集模块现在还需要能够将其他必要信息与每笔交易关联起来，以便进行后续监管法规的识别与报告。必要信息可能包括各类交易识别符，如全球唯一交易识别码（Global Unique Transaction Identifier，UTI）、全球法人识别编码（Legal Entity Identifier，LEI），以及所属监管交易数据库，等等。

交易员分析

在CTRM软件解决方案中，有时也会包含用于支持交易员交易的分析工具。这些工具可能包括各种形式的价格计算器（例如期权价格等）和其他的假设分析工具，这些工具允许交易员分析潜在交易对投资组合的影响或风险工具的效用。

自动化和算法交易

电力和天然气日内交易市场不断发展，该领域产生了一种特别重要的额外需求。随着与能源转型和可再生能源发电相关的日内交易市场和工具在各个地理区域的发展，市场出现了新应用工具以协助交易员交易。这些工具使得在这些市场上进行自动化和算法交易成为可能，并且迄今为止，这些工具基本上是作为一个相对独立的应用程序来开发的。

头寸管理

头寸管理的主要功能是追踪交易以及其对应对冲的实货及衍生品头寸，这在许多交易或营销部门和他们所使用的系统中一直是个棘手的问题。大多数第三方软件包都提供了某种头寸管理功能，但仍有一些贸易

---

① 即《欧洲市场基础设施监管规则》。——译者注
② 即《能源批发市场诚信和透明度法规》。——译者注

团队依赖于手动更新的"白板"和电子表格来跟踪他们的总体头寸。问题是，营销人员或交易员使用的软件工具种类繁多，而又没有一个能把所有必要数据整合起来并以易用方式展示的统一框架。另外，业务流程管理存在短板，特别是对于那些事后才被录入的交易的管理，更是一大问题。值得提及的是，诸如欧洲的EMIR这样的新规定，已经对按规定时效监控和报告头寸提出了要求。

我们需要以多角度来审视头寸，比如，全部投资组合的总头寸，各个地点的头寸，还有从商品、商品组、交易员、交易簿等维度出发的实货和衍生品头寸统计。这种复杂性经常给软件供应商带来麻烦。但是，大多数供应商现在都设计了高度可配置和个性化的界面、报告和工作台，可以根据需要进行调整，以提供足够的功能。近几年，基于事件驱动的实时头寸和风险报告也越来越流行，这使得情况变得更加复杂。

1.2 调度执行应用

预调度、调度和运输

调度涉及通过某种物流机制（管道、电网、铁路、卡车、船舶、驳船等）组织计划并跟踪实货商品的运输轨迹，因此根据所要调度的商品和运输活动发生的地理位置，调度系统具有不同的功能。预调度或调度可以说是另一个非常复杂的功能，许多供应商提供的解决方案仍然未能完全解决这个问题。在北美，天然气调度包括管道路径分析与指定，以及在输送过程中与各段管道确认气量，而电力调度涉及跨网传输，需要在区域市场间来来回回地沟通。对于其他商品的调度可能涉及使用驳船、火车、卡车或船舶，并追踪货物运输情况。

调度不仅仅是规划商品物流，还要在运输途中跟踪进程、商洽问题。

比如说，一家公司可能计划通过管道输送一定量的天然气，具备法定管输权是前提条件，然后需要与管道公司来回沟通，讨论实际交付和输送的气量、输送成本以及在管道上可能发生的量损等问题。

对于许多大宗商品而言，供应链涉及规划和管理商品的运输，但也可能涉及其他功能，如管理库存和仓库，在每一步中监控各种商品是否达到特定的质量标准，准备、收集和存储与海关、装载等相关的文件，等等。实际上，商品运输在供应链方面还可能包括以下活动和功能：

- 管理第三方及其费用（包括承运商、第三方仓储、各种代理商、保险公司等）。
- 估算运输成本和费用，记录实际成本并将其与估算值进行比较。
- 估算运输时间和交付延迟罚金，记录实际时间并与估算值进行比较。
- 跟踪供应链上的碳排放，以达到碳抵消。
- 使用供应链优化工具，考虑成本、时间、承包商等。
- 物流过程中监控货物质量，并根据交付品质进行罚金计算或计价调整，也可以包括对在库库存质量的监控。
- 可以通过混矿、精炼或其他过程对商品进行转化，并管理原材料、成品或半成品。
- 追踪特定商品的原产地，并跟踪其从原产地到消费地的运输路径。
- 记录、存储各种不同形式和格式的文件。

正如上述不完全列表所示，这可以是一组非常复杂的功能，而且高度依赖于具体的商品和地点。当需要运输和管理多种商品时，复杂性进一步增加。实际上，在某些情况下，公司会使用专门的供应商及其物流解决方案，例如来自欧洲或北美电力市场的供应商。

由于一些电力和天然气市场已将交易从日内细化到以5分钟为单位，

这给调度执行带来了额外的负担。这也意味着用户需要更多的数据和可视化手段来进行有效的管理。

1.3 中台应用

风险管理

自从北美电力批发市场放开之后，风险管理系统成为了必不可少的工具。电力的即时、缺乏储存手段的特性，以及价格的波动性推动了整个行业对风险管理手段的使用。风险管理系统通常会直接采集衍生品交易信息，提供实货与衍生品交易及投资组合不同层面的各种风险敞口报告。

许多风险管理系统提供多种工具来评估交易、交易组和投资组合的风险，包括风险价值（VaR）和风险收益（EaR）[①]。风险管理系统驾驭的交易和衍生品类型范围极广，涵盖了天气、利率、外汇交易以及商品类衍生工具。风险管理系统供应商已经开始加入一些方法和报告，比如货量和交付风险等内容，以便更好地处理实货业务方面的问题。EaR以及类似的工具的应用就是这个领域发生转变的一个例子。与应用VaR假设持仓头寸可以在一段时间内提前解约相比，EaR可以比VaR更好地评估风险事件及价格变动对实货业务收益产生的影响。例如，对于拥有发电设施的营销商来说，电力交付不能像衍生品头寸那样可以提前解约处理。电力营销商业务面临的交付量相关风险与轻资产贸易商面临的市场风险之间还是有很大区别的。

风险管理领域里另一个变化是盯市估值与权责发生制会计（Accrual

---

① VaR关注特定市场条件下的亏损风险，以便调整投资或交易策略来管理风险，EaR关注财务报表中收入或盈利可能面临的综合性风险。——译者注

Accounting）的出现。包括公用事业单位在内的许多公司通常都采用权责发生制会计。盯市估值是一种常见且被接受的方法，但难点在于如何将盯市估值的利润记入权责发生制账簿。经常发生的情况是，交易员和市场营销人员的奖励是基于盯市估值的头寸，而不是实际累计的利润的。过去，价格操纵导致按市值计价的估值膨胀，而结算后这些估值并未反映到公司相应的交易簿中，导致了表面利润"蒸发"的现象。因此，现在强化了独立的价格数据管理，但这在不透明的场外交易中还是难以实现。

价格风险管理适用于所有大宗商品，风险管理工具在整个行业中至关重要。不仅实货交易员越来越多地应用商品相关衍生品进行价格对冲，金融交易员也会借助它进行投机。众多大宗商品交易链条上的企业，比如生产商、加工商和制造商，都开始采用对冲策略来控制价格风险敞口，而风险工具和报告已经成为任何一个 CTRM 解决方案中不可或缺的模块。此外，市场规范和监督也提高了各方对风险管理的重视程度，例如现在某些法规要求提供一定程度的风险报告，比如盯市报告等。

财务和信用管理

财务和信用管理以及信用风险管理，已经成为所有大宗商品公司关注的领域，因为流动性良好的资金管理已经变得越来越重要。现在商品交易市场上的一种趋势是，更多的交易开始转向以基于交易所的方式进行交易和清算，这就使对资金和流动性的监控变得更为重要和复杂。在这个过程中，信用管理功能扮演了重要的角色，它需要访问合同数据，以及外部信用机构提供的信息和其他的资信数据。通常情况下，信用管理功能会为交易对手建立一份信用档案，监控信用额度的使用，并管理抵押要求。这个功能现在已经发展成为了一个专门的领域，而且它的重要性也在逐步增长，现在有很多专门设计财务和信用管理的应用系统供应商都开始提供这样的服务。

另外，很多现有的CTRM供应商也会提供一些信用管理功能，这些功能通常仅限于监控交易对手的信用敞口，尽管有些系统的功能做得更深入，但很少有传统的交易管理系统会同时处理抵押品管理以及财务和信用管理。

对于既有批发业务又有零售业务的贸易商来说，信用管理就显得更为复杂了。CTRM系统的信用管理功能通常只能提供针对批发业务的信用管理，而对于零售业务中数千个交易对手的信用敞口管理，这一功能在能力和扩展性上就会显得不足。一般来说，针对这种情况的解决方案是将类似的合同聚集到一起并进行分组，然后将这些分组载入信用管理模块，这需要配合使用外部电子表格或定制解决方案来完成。此外，市面上也有一些风险度量工具，比如信用风险价值（Credit Value at Risk，CVaR）。然而细节决定成败，有些系统对CVaR的计算和报告只是表面功夫，关键还是在于对方法论细节的掌握，以及在适当的层级输入和存储信用数据的能力。

运营和其他风险

随着地缘政治风险越来越突出，管理供应链运营风险的需求也在不断增加。这通常在一定程度上是通过工作流工具来实现的，它能允许公司监控系列事件的发生，并保留事件发生、相关授权和审批的轨迹，以支持审计工作。正因为如此，工作流管理以及审计，已经成为CTRM及其相关应用中越来越受欢迎的功能。

另一个新兴风险类别与环境、社会和公司治理（Environmental, Social and Governance，ESG）以及碳排放有关。越来越多的监管机构和政府正在寻求强制推广ESG，并要求企业报告碳排放和碳抵消信息。相关标准在不同的司法管辖区内仍然存在差异，而且往往缺乏详细信息，但毫无疑问，遵守这些标准是必要的，不遵守则可能使企业面临重大风险。

监管合规风险也已经成为CTRM解决方案需要管理或协助处理的问题，比如市场操纵、头寸限制和交易报告等。

关于风险应用的其他想法

众所周知，许多CTRM和CM解决方案在风险管理领域的功能并不是很强，有些只提供相当基础的风险报告和限额管理类型的功能。这就是为什么很多更专业的风险管理厂商能够在市场上存在并保有持久的生命力。然而，在过去，对于许多公司来说，他们的CTRM软件中内嵌的基本风险管理工具，再辅以一些电子表格或风险分析库，实际上已经足够满足大部分需求。但在近几年间，我们看到了很多的变化和波动。股东和监管机构对确保企业进行适当的风险管理表现出了更大的兴趣。风险管理的范围也已经不断扩大，超越价格风险和信用风险，延伸到供应链运营风险、法律风险、地缘政治风险、监管合规风险，当然，现在还包括碳排放和ESG风险。如果一家公司的业务涉及大宗商品并将其作为一种资产类别，特别是如果涉及大宗商品供应链，那么适当的风险管理现在已经成为该类公司业务管理的必要方面（尽管它之前并不是）。

这导致大宗商品管理领域出现了更复杂的风险分析——通常是由专业的风险管理供应商提供的。这也吸引了更多市场参与者关注风险管理领域，我们看到两个新兴领域正在出现：第一个是大宗商品高级风险分析，供应商针对大宗商品相关的特定问题提供更复杂的分析解决方案，这样的分析涵盖了从估值到信用管理的整个领域；第二个是企业级风险管理平台，将数据从各种底层系统和解决方案中引入到一个公共数据集中，可以在企业层面进行进一步的风险分析和报告。显然，有些解决方案同时涉足了这两个新兴领域，有些解决方案则更适合其中的一个领域。一个同时影响CTRM和CM的趋势是，从过去的隔夜批处理转变为越来越需要在接近实时的情况下进行风险及其他计算。

在当前的市场条件下，地缘政治风险加剧、物流供应链问题凸显、劳动力短缺以及价格波动等，会推动风险管理软件应势变革，我们期待在未来，在风险管理领域这个既有广度又有深度的大生态系统中，CTRM 和 CM 这两个应用领域将更快地发展。

1.4　后台应用

合同管理

合同管理数据是交易、信用管理和调度执行活动的关键组成部分，通常作为 CTRM 系统的一部分提供。通常，这些系统会维护关键的合同数据，用于监控交易对手的信用额度、运输条款和交易限额等。

结算和开票

虽然结算和开票经常被一起提到，但它们是两个不相同的重要功能。虽然这两项功能通常由 CTRM 软件包提供，但许多公司还是使用 CTRM 主系统以外的解决方案来执行这些功能。同样的，虽然开票是许多主流的交易与交易管理系统能够提供的功能，但很多公司还是会使用其他系统来生成发票。

套期会计

自从引入 FAS 133[①] 及其相应的会计准则以来，套期会计已经成为了一项强制性的功能。就像信用管理一样，许多专门用于协助执行套期会

---

① 即《美国财务会计准则第 133 号》。——译者注

计的细分解决方案已经被开发出来。同时，许多传统供应商也不同程度地在他们的系统中增加了套期会计功能。

1.5 监管合规

监管报告是CTRM解决方案的另一个关键功能领域，因为该领域的法规数量和要求在不断增加。例如，美国的Dodd-Frank法案[①]和欧洲的REMIT法规明确了必须管理的几项特定的监控和报告要求，而其他像MiFiD Ⅱ[②]这样的规定也会影响大宗商品交易。一些监管合规功能必须被纳入CTRM解决方案，尤其要确保收集和存储某些数据项，并为监管报告做好准备；而另一些监管合规功能则可以选择在CTRM解决方案之外被满足，于是许多新的、通常是区域性的监管报告和合规工具应运而生，协助将交易报告提交给监管交易数据库。一些CTRM供应商选择在他们的CTRM产品中将这个功能作为一个单独的可选模块构建。

这些法规也更加强调通过审计追踪和报告来证明合规性。要求在得到满足的同时也反过来影响了CTRM的功能。

交易监控也是近期的关注点之一，特别是对于交易违规行为的巨额罚款。市场上也已出现几种交易监控解决方案并且已经被采用，其中一些来自其他资产类别。但是这些方案并不适合大宗商品交易，所以用户在采购时需要格外注意。

---

① 即《多德–弗兰克华尔街改革和消费者保护法案》。——译者注
② 即《欧盟金融工具市场法规Ⅱ》。——译者注

1.6　其他CTRM功能

CTRM系统能够提供的功能取决于客户的公司类型，有些公司可能需要储气、库存管理、发电调度、负荷预测、市场模拟、压力测试、气体计量、仓储设施管理、化学分析和化验检测等更加专业的功能。此外，CTRM解决方案通用的管理功能包括安全访问权限、审计跟踪、工作流、外部价格及其他外部数据源接口以及文档管理。

CTRM的复杂性在于，对于CTRM系统的功能组成并没有真正的标准。然而，随着各种组织和管理机构的规定和意见陆续出台，更标准化的方法正在风险管理、交易采集和后台运营等领域出现。由于CTRM软件服务于对冲基金、区域公用事业等广泛的细分市场，所以不同CTRM解决方案的构成有很明显的差异。正是这一点，使得如此多的供应商和产品能在行业中共存，因为许多产品都是针对垂直细分市场或在CTRM框架下应用特定功能的。

一些CTRM解决方案在后台功能上进一步发展，提供总账、应付应收账款的结算功能。但事实上，许多能源公司还是会利用他们现有的会计软件包执行以上的大部分功能，所以需要在CTRM系统和会计系统之间建立接口。

尽管从表面上看似乎有很多相似的需求，但事实上，CTRM软件行业是一个非常多样化的市场，有横向和纵向的细分。虽然许多"外行"看到的是一个大而有吸引力的同质化的CTRM软件市场，这个市场有着良好的收入和利润潜力，但真相是，在众多的商业模式中，每个CTRM产品针对同一类需求都有其独特的细化版本。究其细节，虽然所有参与购买和销售商品的能源企业都有共同的业务功能，然而，当你深入研究时，就会发现这些需求之间存在着显著和根本性差异。"一招鲜，吃遍天"的想法，只是因为对能源业务的细节理解不足而产生的一种错觉。

　　每家能源公司实货资产的性质和这些资产的地理位置决定了其大部分软件需求的细节。记录与报告公司数据和交易信息的需求，必然受制于其资产运营所处的监管制度环境，以及其所使用的资产类型。

·2·

CTRM 系统和厂商的历史

随着大宗商品交易行业的发展和相关要求的变化，CTRM软件行业也紧跟其步伐快速发展。用户在选择CTRM软件时应该了解行业的演变史以及相关历史性问题。对行业演变史的了解有助于客户在众多CTRM系统中选择适合自己的解决方案。一个管理天然气贸易"出身"的CTRM系统很有可能在管理电力方面表现欠佳。产品和供应商的"宗谱"可以为用户选择符合自身特点和需求的CTRM系统提供更加全面的信息。

1992年美国联邦能源管理委员会（Federal Energy Regulatory Commission，FERC）颁布了第636号令，解除了对天然气批发市场的管制，市场上出现了一种软件系统需求，要求其能够有效地采集和管理与天然气从井口向最终用户市场的流动相关的销售、采购和物流信息，从而开启了ETRM市场的新局面，此阶段也出现了一些早期的针对金属、石油、农产品以及软商品的解决方案。从那时起，随着能源贸易行业的不断发展，CTRM软件供应商和相关产品不断涌现，也在不断消失。本章以大宗商品交易行业大事件为背景，概述CTRM软件行业的发展历史，并对不同的供应商和产品在对应时间段内的演变轨迹提供见解。

2.1 "前FERC 636号令"时代

在FERC颁布第636号令和随后的系列法令之前，美国天然气批发市场仍处在管制状态，天然气营销软件的功能通常是作为生产和收入核算系统的一部分，被生产商用于记录与其天然气营销运营相关的气量、收入和支出。这些运营主要集中于向天然气管道服务商销售井口天然气的管理。在此早期阶段，生产和收入核算系统通常是大型的、基于主机的系统，由会计和咨询公司如安达信咨询（Andersen Consulting）[①]和普华会计师事务所（Price Waterhouse）[②]提供。对于中间市场参与者，还有一些中型解决方案，可在 AS 400 等平台上提供，这些解决方案由各种较小的软件供应商提供。

与今天的 ETRM 解决方案相比，这些早期系统的功能相对简陋，因为其功能范围和规模反映了受监管环境下天然气生产商可用的有限的商业模式选择。然而，随着 FERC 颁布第 636 号令，新生的天然气批发市场以及像天然气清算所（Natural Gas Clearing House）这样的天然气营销公司扮演的角色不断增加，产生了对一种新的、特定解决方案的需求，即天然气营销管理系统（Gas Management System，GMS）。

2.2 天然气市场迎来爆发期

1992 年，FERC 颁布的第 636 号令给市场带来重大影响，客户端/服务器技术和架构（即 Client-Server，C/S）也在同时崭露头角，这种技术和架构以低成本、可扩展和强大的计算平台著称。这一技术革命促进了当时创新、敏捷的解决方案的开发，为新兴的天然气营销企业提供了业务所需的功能，协助他们快速跟上商业环境的发展。

起初，刚起步的天然气营销系统新生市场，又被称为"未开发"市场，它促使许多天然气营销企业选择自建系统。有些软件企业看到了天然气市场放宽管制所带来的市场机遇，以外部签约软件企业的身份，协助开发天然气营销解决方案；有些曾是这些企业组织内部的技术团队，

[①] 安达信咨询又称安盛咨询公司，原是全球安达信（Arthur Andersen）会计师事务所的管理咨询部门，因业务不断扩张于 1989 年作为独立的公司成立，2000 年与安达信从经济上彻底分开，2001 年公司更名为埃森哲（Accenture）。——译者注
[②] 普华会计师事务所是普华永道前身。——译者注

也相继参与其中。同时，原先的一些中等规模的生产和收益管理软件供应商也看到了FERC颁布的第636号令及随后产业变革带来的潜在增长机会，也积极寻求机会开发GMS天然气营销管理系统产品。

在放宽管制的新市场，天然气生产商要么在井口出售他们的产品，要么通过以前购买过他们的天然气的管道服务商或管道系统安排运输，因此早期的GMS系统重点关注天然气营销业务的实货端，提供采集和维护合同或授权协议，管理购销交易、实货头寸，以及将天然气安排到州内和州际管道系统的调度管理能力等服务，涵盖从生产到结算开票的业务流程。

早期的个别几家软件供应商也专注于天然气营销业务的风险管理（详见表2.1）。许多早期的全面GMS系统还对天然气营销业务的权责发生额、应收、应付，甚至总账等提供会计支持。然而，考虑到与天然气运输相关的实物基础设施的复杂性，这些早期系统的重点理所应当聚焦在对管道的指定和确认，以及合同和交易信息的采集上。

即使在今天，尽管天然气工业标准委员会（Gas Industry Standards Board，GISB）及其后续组织——北美能源标准委员会（North American Energy Standards Board，NAESB）在积极推进工作，但北美的管道之间缺乏完全相同的业务流程和数据交换标准，因此现代ETRM系统的复杂性仍然主要体现在管输调度和指定功能上。

表2.1　在放宽管制之初的天然气销售软件供应商

幸存者	新入局者
Allegro Development Corporation（1984年成立） Energy Solutions（1983年名为Micro Solutions） Michael Smith and Associates（1982年名为Ensyte Energy Software）	TransGas Management（后改名为TransEnergy Management，1988年成立） Altra Energy Technologies（由RiskWorks、Williams和PanEnergy于1995年至1996年1月间创立） Tenneco（TenSpeed系统，后期命名为Energy TRACS，1994年5月前后成立） Data Management Solutions（1993年成立） DC Systems.（1989年成立） Primo, Inc.（1992年至1993年间成立） Aquila-RiskWorks系统（1996年前成立）

2.3 早期的软件供应商

最初的天然气营销软件供应商要么是资金紧张的初创企业，要么是私人软件公司，规模都比较小，仅能提供辅助的解决方案。它们在产品方面严重依赖早期的客户来帮助它们确定所开发软件的商业模式和要求，并且初始开发费用也由这些客户承担。随着最初的解决方案研发完成并逐渐成形后，早期的部分天然气营销软件供应商开始给天然气贸易公司售卖软件授权，得到了初步的发展。

然而，这些小型软件公司及其解决方案都尚未成熟且不稳定，导致许多较大的天然气营销公司决定部署自己研发的GMS系统。Tenneco、Williams、PanEnergy和Aquila等大型能源公司也都自研了自己的系统。其中有些能源公司还试图通过向其他天然气营销商出售自研软件来收回软件开发成本。

Tenneco在Energy TRACS品牌下销售自研的系统，Aquila通过第三方平台销售GMS系统，RiskWorks、Williams和PanEnergy在1996年1月共同组成了Altra Energy Technologies。但是最终这些自研GMS系统都被能源公司视为"非核心"业务，转交给了SunGard Energy Systems、TransEnergy Management等真正商业化的软件供应商（SunGard Energy Systems收购了RiskWorks，TransEnergy Management收购了Energy TRACKS的源代码），或转交给了像Altra Energy Technologies一样专门为推销其自研系统而创建的软件公司。

早期的商业化GMS解决方案是不完整的，而且经常出现故障，通常由愿意容忍此类问题的"早期采用者"购买。此外，由于这些系统反映了早期采用者的具体业务流程和范围，随后销售给新客户时往往需要大量的增强和修改。尽管如此，早期的软件供应商为新的业务展开了激烈的竞争，随着每次销售量的增加（以及紧随其后的产品优化），这些早期的解决方案迅速发展成为功能齐全的解决方案，并且能够满足市场上的大部分需求。

2.4　紧随其后的电力市场

由软件供应商及其产品组成的天然气营销软件市场逐渐形成，同时电力市场的新一轮放宽管制也逐渐提上日程，注定要改变这一新兴软件市场。

1996年FERC颁布的第888号令规定了输电与电力生产或发电的分离，类似于天然气批发市场的变化，这一举动放宽了对北美电力批发市场的管制。尽管天然气和电力批发市场的整体商业模式相似，但两种商品品种的物理性差异要求相应的管理软件反映这些物理性差异的同时关注其不同的业务重点。比如，电力是瞬时能源，无法有效存储。早期的电力批发贸易商对更高层次的风险管理工具有更直接的需求，这也推动了相关功能的发展，以帮助客户管理与实货相关的实时敞口。

随着对电力市场的管制逐渐放宽，许多刚起步的天然气营销商和能源贸易公司开始审视与新市场相关的商业机会。这一时期市场的不确定性也对早期天然气营销软件供应商产生了深远的影响，因为营销和贸易公司重新审视了他们的业务策略，决定推迟相关软件采购。最终，由电力市场放宽管制带来的用户延迟购买决定造成了长期的不确定性和一个重大的错位事件。

2.5　软件市场中的错位事件

我们的市场错位模型采用的假设基础是任何新的软件产品市场都会遵循经典技术采用曲线（如图2.1）——也就是说，早期的采用者培育早期的供应商和产品，使其逐渐成熟，而大多数买家随后采用标准产品。这些早期采用者将筹码押在某一个年轻的供应商及其产品上，并与该技术一起合作成长，直到无法再继续发展，或者直到产品及其市场的成熟度足以满足不断增长的需求，以此来支持成功和持续的商业冒险。像大多数市场一样，能源软件市场的早期供应商通常是自筹资金或由风险资本支持的初创公司，他们的领导者具有远见卓识，能够看到市场的潜力。

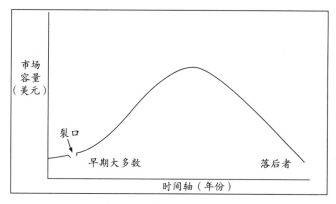

图2.1　技术采用曲线

技术采用曲线的一个主要特点是，通常情况下如果曲线被随后的市场变化所扰乱或出现错位，市场就会解体，供应商和产品也会随之而消失。

然而，在新出现的ETRM软件市场中，虽然技术采用曲线被截断了，但在经历与电力市场放宽管制相关的不确定时期之后，出现了一个不一样的，而且潜在的更大的市场。最初为单一商品品种天然气提供服务的软件市场并没有消亡，仅仅在规模和增长潜力上出现了缩减，为向多种能源商品的营销人员及贸易商提供软件解决方案的演化市场创造了一个全新的、更大的技术采用曲线。

能源市场放宽管制带来的业务要求变化对ETRM软件供应商和产品产

生了巨大的影响。如图2.2所示，每个错位事件的结果可以分类如下：

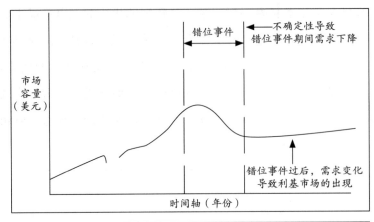

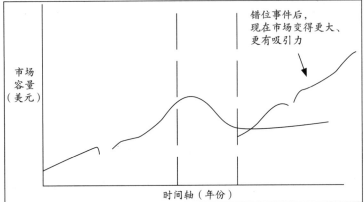

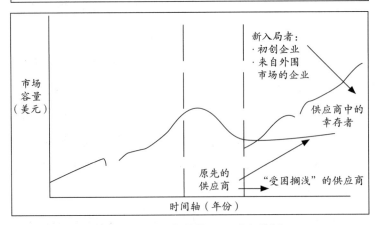

图2.2　错位事件的a-c形态分析

- "受困搁浅"的供应商。资金不足或过度紧张的供应商无法调整其产品，无法在不断扩大的大宗商品交易市场中竞争，作为狭窄的细分市场（即利基市场）的供应商，他们"受困"在原来发展受阻的单一商品品种市场。

- 幸存者。这类供应商能够快速发展他们的软件产品以满足新的市场需求，可以在各类事件中生存下来并继续发展。

- 新入局者。错位事件有两个特点，一是客户在不确定时期过去后延迟采用，二是出现一个新的、更具有吸引力的市场。因此，每一次的错位事件都会为新入局者创造机会。新入局者可能来自 ETRM 软件市场的外围市场，也可能是初创企业，他们可能会通过收购一个或多个"受困搁浅"的供应商和产品，凭借被收购方已有的客户和收入基础进入市场。

2.6 放宽电力市场管制的影响

电力批发市场和相关交易的出现带来了多种能源商品品种交易和价格风险管理的概念。FERC 颁布的第 888 号令引发的不确定性导致了天然气营销软件的需求持续减少了好几个月。因为许多交易和营销商考虑扩大业务规模，将新解除管制的商品品种纳入其业务中，这迫使这些公司不得不重新评估他们的业务战略和系统要求。

在这段不确定时期之后，最终出现的 ETRM 软件市场比原先较小规模的 GMS 市场更大、更有吸引力，也出现了一批新的市场参与者。其中主要有这两种类型的公司：

1.来自外围市场的大型软件、服务和其他类型的企业。其中包括金融和银行部门，比如 Zai*Net Software、OpenLink Financial、SunGard Energy Systems；为发电和处理设施提供控制和自动化系统的能源管理系统供应商，比如ABB；以及针对公用事业和发电等特定细分领域的软件公司，比如Henwood和New Energy Associates。

2.初创企业。小型的创业开发团队，比如Nucleus、ArcIT，或者是原先作为顾问参与定制解决方案开发，随后走市场化路线的顾问团队，比如PowerTrade。

在现有的天然气营销软件供应商中，像DC Systems、Energy Solutions和Ensyte Energy Software等"受困搁浅"的供应商继续专攻较小的天然气营销软件市场。像Altra Energy Technologies、TransEnergy Management、Allegro Development Corporation等其他供应商要么通过吸收风险资本，要么依靠客户的支持，至少在一段时间内生存下来，并成为了多商品品种和风险管理平台的供应商。（详见表2.2）

表2.2　放宽管制时期的天然气和电力交易、交易和风险管理市场的供应商

幸存者	"受困搁浅"的供应商	新入局者
TransEnergy（官方称呼TransGas）Management Altra Energy Technologies Allegro Development Corporation	DC Systems ESI Ensyte Energy Software DMS Primo Systems Energy TRACS RiskWorks	Zai*Net Software SunGard Energy Systems OpenLink Financial ABB Henwood New Energy Associates PowerTrade ArcIT EnerX Development Nucleus ACES

一些新入局的软件公司通过收购"受困搁浅"的供应商进入了市场。比如，SunGard Energy Systems最初通过收购Primo Systems进入ETRM市场。其他如ABB、New Energy Associates和Henwood等公司也看到了外围市场软件产品在电力批发市场中的潜力。

Nucleus、PowerTrade、EnerX Development和ArcIT等公司都是在这个时间段开始在特定的客户现场进行系统开发，并在交付完成后开始更

加广泛地宣传销售其软件产品的。有趣的是，Zai*Net Software最初是提供外汇交易风险管理系统的软件公司，在看到电力市场开放之后，也迅速大张旗鼓地进军能源市场，甚至将其决定通知既有客户。

在经历这次错位事件之后，幸存者的第一反应是修改现有的天然气营销系统以包含电力营销功能。然而，这种方法在短时间内就被证明是失败的，具体原因与电力的动态性质有关，以及包括双向差额结清和雏菊链式的多方结清在内的调度过程的复杂性，还有最重要的一点是，对于天然气盯市频度，贸易商只需要做到每月或几天一次就可以，而电力市场盯市频度细到每天或几小时一次，同时还必须考虑峰谷期以及NERC假期①所涉及的复杂性问题。

此外，市场参与者对价格风险管理工具的需求几乎在同一时期爆发，幸存的供应商不仅需要提供电力营销软件，还需要提供风险管理软件，这进一步加重了供应商的资源压力。为产品的后续开发找到提供资金的赞助客户或客户群成为了软件供应商的最佳选择。诸如TransEnergy Management、Altra Energy Technologies和Allegro Development Corporation等公司正是遵循了这条路线，相继推出了风险系统和电力交易管理系统。新兴的风险元素也吸引OpenLink Financial和Zai*Net Software等金融风险管理供应商加入这场竞争。OpenLink Financial和Zai*Net Software为满足各种形式的金融衍生品工具的金融交易而设计，它们利用远期价格曲线计算盯市、风险价值和其他风险管理指标，作为能源风险管理系统进入了市场。然而，这些系统都缺乏管理电力、天然气交易调度方面的复杂的实货交易管理功能。

实际上，FERC颁布第888号令后，软件市场仍然不成熟且混乱，

① NERC 的全称为 North American Electric Reliability Council，中文常译为"北美电力可靠性委员会"。NERC 假期是指北美电力可靠性委员会承认的假期。——译者注

软件供应商拿着不完善的产品相互竞争，使得Henwood、New Energy Associates和ABB等其他企业都能够不断增强市场影响力，为新的和现有的客户开发与外围市场传统产品相配套的软件产品。此外，客户对定制解决方案的付费意愿让独立顾问团队看到了市场机遇。Nucleus、PowerTrade、EnerX Development和ArcIT等独立顾问团队最终成立了软件公司，并将定制的解决方案作为软件包重新出售，其中有一些取得了成功。同时，"受困搁浅"的天然气营销软件供应商仍然专注于将软件卖给营销商、生产商和地方性配气公司（LDC）[①]等聚焦天然气业务的公司。

2.7　多商品品种交易、贸易和风险管理

在电力批发交易市场出现后不久，以安然、Dynegy公司为首的贸易商迅速崛起，对相应软件的要求也提高到了新的水平。在这一阶段，市场要求供应商提供的系统能够支持实货和金融衍生品交易，具备对多种能源和能源相关商品品种的直通处理能力，这也为其他供应商进入市场并发挥作用提供了机会。在市场中已经存续一段时间的SolArc等原油和天然气液营销软件供应商逐渐开始追求更多的市场份额，并与电力和天然气解决方案供应商展开竞争。TriplePoint则专注于天然气和电力营销解决方案以完善其产品系列。

市场上现有的供应商都在艰难地扩大他们的产品范围和市场影响力，其中有一些供应商希望通过收购来增强企业能力。此时，将多个供应商的不同产品连接在一起的"中间件产品"作为潜在的解决方案逐渐进入大众视野，通过使用TibCo、Vitria、Knowmadic等多个公司提供的"中

[①]　LDC 的全称为 Local Distribution Company，类似国内地区性燃气供应项目公司。——译者注

间件产品"，将众多相互竞争的软件产品"拴"在一起，为经营跨多品种商品的贸易公司提供符合他们要求的涵盖全套功能的最佳解决方案。然而，事实证明，除了一些较大的贸易商之外，"中间件产品"的方法往往因为成本太高、过程过于复杂而使客户无法取得真正的成果。不幸的是，许多公司都是在花费了大量的时间、精力和金钱之后才意识到了这一点。

随着市场对"中间件产品"应用的成本和复杂性的认识日益增强，客户寻求具有广泛商品覆盖范围的完整"端到端"的解决方案，这给供应商带来越来越大的压力。不幸的是，这些供应商往往规模都太小、资金不足，无法负担开发这种解决方案所需的必要投资。虽然许多供应商与"中间件产品"供应商合作，建立信息传递框架，使特定的商品品种软件能够实现无缝连接，但是供应商也需要为不断增长的安装基础提供服务（有时不同的客户可能会提出相互冲突的优先事项），不得不面对不断膨胀的产品套件所带来的问题。这些挑战的最终结果是供应商做得太过火，很多时候供应商推销的功能和特性只是计划中的一部分，在当前可用的软件版本里不一定存在，最终他们试图在大量客户的定制化部署中维护一套单一的拥有海量代码的软件产品。随着市场分化为具有特定和独特要求的多个细分市场（生产商、分销商、发电厂、各类公用事业公司、贸易商等），许多供应商为了能够持续从新增的软件许可中获利，同时瞄向多个细分市场，尝试在单一的软件产品或产品套件中满足这些不同的需求。这样做的结果是每新增一个客户也就会新增对应的独特要求，导致软件产品的功能和代码越来越复杂。结果这些供应商的产品策略变得更加注重满足下一个潜在客户的要求，而不是满足现有客户群的需求。

在此基础上，由于供应商自身存在的规模小、资源有限、相对不成熟和内部架构不合理等问题，这类软件的发展受到了以下方面的影响：

- 软件的质量。迅速扩展的代码库，加上缺乏内部产品知识资源以进行软件质控，往往导致软件质量不尽如人意。产品某一部分的修复往往会破坏另一部分，修复错误变得越来越困难。由于缺乏正确测试软件的资源、方法和工具，产品质量下降，导致客户满意度也不断下降。

- 行业内的变化速度加上客户对增强功能和修复错误的需求，导致发布计划难以管理。供应商往往被迫在每月（甚至更加频繁地）发布升级版软件。虽然软件授权协议要求用户更新软件至最新的版本，但是由于对软件的质量心存怀疑，许多用户根本没有跟上软件升级发布的快速步伐，而是选择留在更稳定的产品上，并要求供应商支持该版本。

- 软件公司的增长速度过快，以至于许多公司无法招聘和培养资深或足够熟练的员工来跟进不断增长的新订单和项目。结果往往是，供应商经常会派遣训练不足和缺乏经验的咨询团队进行协助，并在某些情况下领导极其复杂的项目实施工作。因此，产品往往实施不力、配置不当，无法满足客户的需求。

- 这种增长挑战也导致供应商内部形成了小规模的"智囊团"，只有少数关键人员真正了解产品，包括产品的功能和局限性，以及如何为特定的业务环境正确地配置系统。客户一旦接触这些关键资源，通常就会要求完全使用该资源，这样就使得供应商无法使用最佳资源以培训和领导的方式来建立支持与服务团队。同样，供应商内部的每一个产品开发决策也都需要"智囊团"参与。显然，"智囊团"因此工作过度，分身乏术。

随着更多供应商进入这一领域，市场在不断扩大，竞争也变得更加激烈，许多现有的供应商开始意识到资金不足限制了他们的增长以及进入新的细分市场的能力。同时，风险投资公司也开始寻求在能源领域进行投资，正好为一些老牌供应商融资提供了很好的机会。不幸的是，多数风险投资公司对ETRM市场的复杂性和各类细分市场所需的解决方案并没有什么了解。风险投资公司的加入为解决方案供应商提供了发展所需的资金来源（也为企业创始人提供了兑现部分股权的机会），同时也带来了对收益快速增长的期待，在20世纪90年代中后期的互联网泡沫期间，风险投资公司强行拉高产品与服务价格，由此产生的"曲棍球杆"式增长曲线使被收购公司变得声名狼藉。

这些风险资本家为保持稳定和快速增长而承受的压力，在某些情况下导致了供应商的不良决策。在过于激进的季度收入目标下，许多供应商对能力过度承诺，或者为了争取新客户而进行合同开发。随着这些新义务的出现，兑现承诺和履行义务的重任也落在了捉襟见肘、人手不足的开发和交付团队身上。随着这些积压的工作量不断增加，供应商交付产品变得越来越吃力，整个客户群的满意度也不断下降。即使对那些没有接受风险投资的供应商来说，越来越激烈的市场竞争也导致了部分陷入困境的供应商使用类似的销售策略，并最终得到了类似的结果，客户群也因供应商糟糕的服务、低质量的代码和未兑现的承诺而变得日益不安。

随着客户对于更好的解决方案和更好的服务的需求日益增加，不断积累的不满最终推动了市场上第一波广泛的ETRM系统更换浪潮。

2.8 不断增长的全球市场

20世纪90年代末，美国CTRM软件市场的成长很大程度上是由商业化的能源贸易商推动的，这些能源贸易商开始向海外扩张，以利用欧洲市场新兴的、管制日益放宽的市场机遇。随着美国贸易商进入市场，以及欧洲贸易公司基础的不断扩大，北美ETRM供应商在欧洲看到了额外的市场机遇。巧合的是，此时已经为整个欧洲大陆的管制市场开发了相应解决方案的欧洲本土供应商也开始改造他们的产品，以适应日益自由化的能源市场，特别是北欧电力市场和英国市场。随着市场的不断变化，许多供应商也看到了将其重组的产品打入北美市场的机会。

Altra Energy Technologies、TransEnergy Management、Caminus、OpenLink Financial等北美ETRM解决方案公司进入了欧洲，而已有的欧洲供应商，如KWI、Vedaris（原FSD国际）和Murex等，也进入北美市场并取得了不同程度的成功。虽然一些欧洲供应商在北美获得了早期的成功，特别是KWI，但是欧洲能源市场在运输和传输的开放性方面仍然落后于北美，因此欧洲供应商无法在需要强调能源商品管理的实货交易中进行有效竞争。

相对而言，北美供应商在欧洲拓展新客户方面更加成功。但这些早期的新客户带来一些包袱，包括为了在获客竞争中取得优势而签署的宽泛义务的合同开发、较高的销售与服务成本等。事实上，这些早期的成功背后的代价对北美供应商来说是相当昂贵的，并且在许多情况下，加剧了他们在代码质量和开发广度方面本就日益严重的问题。

2.9　北美零售业放宽管制带来的影响

零售业放宽管制，主要是在电力领域，其次是在天然气领域。虽然零售业放宽管制最初是由美国政府宣布的，以降低消费者的能源成本，但现实是美国能源市场建设并不完善，这最终导致放宽管制政策的停滞，甚至一些州又转而加强监管。

部分ETRM供应商仍在早期的零售业放宽管制的变化中看到了机会，他们急于开发或修改软件以迎合即将到来的零售市场新需求。对大多数供应商来说，努力应对这一市场机遇，在覆盖从天然气生产商到电力营销商的广泛细分市场已有产品的基础上扩展功能，最终只是白费力气，这成为了导致他们失败的因素之一。然而，少数像 Excelergy 和 New Energy Associates 等对此市场持保守看法的供应商，致力于开发地方性配气公司和零售商所需求的功能，被市场验证后获得成功，并得到稳定营收。

2.10　失败与合并

在 20 世纪 90 年代末，种种迹象表明许多供应商已经无法承担前面概述的种种压力。过于雄心勃勃的收入目标，加上市场划分非常细的商业模式，导致 ETRM 行业进入供应商整合期，一些濒临倒闭的公司被那些资金雄厚的公司收购，如 Altra Energy Technologies 收购 TransEnergy Management。其他供应商由于资源吃紧而增长受限，被"并购者"收购，这些"并购者"通过收购多家小型供应商来实现规模经济。Caminus 就是这些"并购者"之一，它收购了 Nucleus、Zai*Net Software、DC Systems 和 Altra Energy Technologies 的相关资产。然而，在收购 Altra Energy Technologies 之前就已经上市的 Caminus 公司最终也不景气，被 SunGard Energy Systems 公司收购。Caminus 以及后来的 SunGard Energy Systems 公司给 ETRM 行业带来了新的发展模式，虽然在他们到来之前，对竞争厂商的收购已经在小范围内发生，但 Caminus 对多个竞争厂商的收购在行业内是独一无二的。

不幸的是，事实证明这种模式行不通。由于不兼容的代码库和产品数据模型，被并购的产品不能整合到一个全面的产品中。Caminus 不得不为多个能源管理软件产品提供支持，期待着最终能够将那些使用公司短线产品的客户转移到自己的长线核心产品上来。然而，客户没有真正的动力放弃使用中的相对稳定产品，而经历广泛且有风险的新产品实施过程，很少有客户愿意改变。不幸的是，Caminus别无选择，只能让这些客户继续使用他们现有的产品，否则就有可能失去他们带来的运维支持收入，因为许多人表示，如果被迫转向另一款Caminus产品，他们将转向竞争厂商，以确保找到最合适的解决方案。最终，Caminus公司未能实现其最初设想的规模经济，其财务表现和股价都有所下降。最终，新进入能源领域并奉行积极收购战略的SunGard Energy Systems公司以高于当时低迷市价的价格收购了该公司的流通股。

表2.3　巨型贸易商陨落前的供应商名单

幸存者	"受困搁浅"的供应商	新入局者
SunGard Energy Systems	DMS	Kiodex
Caminus	ESI	KWI
Allegro Development Corporation	Ensyte Energy Software	Vedaris
OLF	Energy Softworx	Algorithmics
TriplePoint	ABB	OATI
SoftSmiths	PowerTrade	Alstom ESCA
Henwood		SAS
NEA		Excelergy
Structure Group		OM Technologies
eAcumen		Woodlands Technologies

2.11　巨型贸易商的陨落

2002年末，安然公司轰然倒地，其他大型贸易商和公用事业公司紧急向更安全的商业模式收缩，促成了再次的长期不确定性和错位事件。这一系列事件一方面缩小了ETRM市场，但同时也再次为新供应商进入市场提供了机会。作为ETRM软件市场历史上迄今为止最重要的一次错位事件，这段不确定时期持续了3年，直至2005年底2006年初，ETRM软件市场才再次活跃。

这一错位事件对供应商产生了巨大的影响。一些供应商在用户贸易部门取消后也随之倒下了，其中包括eAcumen和Vedaris。销售周期的拉长给所有供应商带来了严重的现金流问题。在此期间也发生了几次重要的收购，包括SunGard Energy Systems收购Caminus，Barra收购FEA，Global Energy Decisions融资或收购Henwood和ABB的系统、KWI以及eAcumen针对电力的系统，西门子收购New Energy Associates。此外，还有一些新入局者，包括Global Energy Decisions，以及像Woodlands Technologies这样的供应商，他们在这段不确定时期推出了新产品，但最终被New Energy Associates收购。此外，Structure Group收购了PowerTrade的相关资产。

贸易商倒闭事件也引起了行业对信用和交易对手方风险的重视。一些新的供应商如雨后春笋般冒出来，提供信用风险服务，与此同时许多ETRM供应商被迫做一些口头文章，并在他们的解决方案中增加了基础的信用风险功能。

表2.4 巨型贸易商陨落后的供应商名单

幸存者	"受困搁浅"的供应商	新入局者
SunGard Energy Systems Kiodex Allegro Development Cor- poration OLF Algorithmics TriplePoint OATI SoftSmiths SAS Structure Group Excelergy	DMS ESI Ensyte Energy Software Energy Softworx PowerTrade	Global Energy Decisions Siemens E-Systems TrinityApex

2.12　金融机构加入市场

巨型能源贸易商的倒闭在市场上造成了空白,能源市场在崩溃后变得相对低效和缺乏流动性。最终,银行、养老基金和对冲基金等金融机构逐渐开始在市场中看到机会。特别是对于资金雄厚的投资银行来说,流动性的降低给这些企业提供了扮演做市商角色的机会。第一个抓住此机会的是为安然公司收拾残局而介入的瑞银集团(UBS),但在接下来的几年里,美林(Merrill Lynch)、贝尔斯登(Bear Stearns)和雷曼兄弟(Lehman Brothers)等公司也紧随其后。最终,苏格兰皇家银行(RBS)和麦格理银行(Macquarie)等海外银行也加入了这一行列。对冲基金企业,包括专门为交易能源商品而设立的对冲基金企业,也纷纷加入了不断壮大的参与者行列。

虽然众多新入局者最初只专注于能源商品的衍生品交易端,但其中多数企业最终都开始收购发电站、石油和天然气生产端、天然气和原油储存设施等实物资产。随着这些资产组合的扩大,金融行业"出身"的市场参与者开始寻求不仅能提供更高的风险管理水平,也能满足业务实货端管理需求的ETRM解决方案。

扎根于金融市场的ETRM供应商是这一波市场新血液注入后的主要受益者。OpenLink Financial与投资银行的合作取得了早期的成功。虽然其产品Endur最初在实货贸易的执行调度和指定方面能力有限,但他们能够在客户群中寻求到资助和指导,针对实货业务设计可行的解决方案。

其他专注于金融风险管理能力的供应商,如Kiodex,继续向不拥有"硬"资产、不积极交易实货商品的小型对冲基金和银行销售他们的产品。这些小公司也被Kiodex的软件即服务(Software-as-a-Service,SaaS)模式所吸引,因为SaaS模式购买成本较低,并提供内置的技术支持。

随着来自金融行业的参与者进入市场,ETRM软件市场出现了反弹,一些ETRM供应商还创造了销量和收入新纪录。大宗商品价格的上涨及市场波动性的增加刺激了2005年下半年ETRM市场的复苏，2006年到2007年ETRM市场营收一直保持着两位数的增长。

2.13 金融危机——新的错位事件？

然而，到2008年中，随着原油价格从年初的高点开始螺旋式下跌，大宗商品市场开始显现一些疲软，在接下来的几个月，原油价格直接下跌70%以上。再加上次级房地产贷款市场产生的信贷危机的影响，许多曾经是ETRM市场"救星"的金融机构以及更广泛的能源市场，开始遇到麻烦。像贝尔斯登和雷曼兄弟等企业在坏账和市场信心丧失的双重压力下最终倒闭。其他如瑞银集团等企业相继退出能源市场，以求保存资本并且控制他们的市场风险。

随着大宗商品市场的崩盘，许多CTRM供应商的新客户签约量再次大幅下跌，即使是那些熬过这一段金融风暴的供应商也开始撤退，保存资本并减少其市场风险。到2009年第一季度，市场的这种不确定性一直持续存在，其间许多供应商销售疲软，一些供应商选择裁员来降低成本。

但也正是在这一时期，非能源类大宗商品解决方案变得越来越重要。市场上出现了Eka、Brady和JustCommodity等供应商，为不同的地域和商品品种市场提供服务。其他的供应商也试图覆盖更广泛的商品品种。CTRM软件行业比以往任何时候都更加全球化，Navita、Viz、Contigo等区域性供应商备受瞩目。

当然，金融危机带来的经济增长放缓也促进了企业间的并购行为。其间，TriplePoint收购了QMaster和Softmar等企业以扩大其产品的功能范围，OpenLink Financial在农副产品和软商品领域收购了DBC Smartsoft等企业，最终也收购了SolArc。在欧洲，Brady开始积极执行收购战略，收购了大宗商品软件供应商 Viveo，以及能源领域的 Navita、Viz 和 Syseca。

在这一时期，ETRM 开始被视为 E/CTRM，再演变成了 CTRM。随着越来越多的人认识到管理农产品贸易、软商品贸易和金属贸易的必要性，金属商品领域的 Brady 和非金属商品领域的 DBC Smartsoft 等供应商的市场地位也随之上升。每个用户都希望拥有一套能满足所有商品品种管理需求的单一系统，促使供应商建立跨商品品种的产品组合，这也从某种程度上推动了一部分并购活动。

这场危机的后果之一当然是监管的加强。在接下来的几年时间里，在各个领域，尤其是在大宗商品领域，出现了多种多样的用户不得不遵守的新法规。针对变得越来越重要的合规风险，许多 CTRM 供应商在他们的系统中增加了一些监管功能，市场上也出现了专门针对监管合规风险的软件产品。

2.14 云技术、生态系统和地缘政治

云技术的出现虽然没有第一时间冲击 CTRM 软件市场，但也对其产生了深远的影响。我们最初的研究表明，大宗商品行业对云技术持有明确的怀疑态度，特别是针对数据的存储位置和安全性。但是随着金融和银行业等其他行业采用云技术，上述担忧也开始逐渐消散，并最终被因新冠疫情而产生的高效居家办公需求所扫除。在云技术的早期采用者中，像 Aspect Enterprise 这样的供应商能够多年垄断这一核心卖点。其他云技术早期采用者有北美的 OATI 和 Kiodex，还有新进入市场的 Agiboo、Molecule、Fendahl 等供应商。

在过去的 10—20 年里，大宗商品交易发生了很多变化，而且随着地缘政治格局的演变成为关键的驱动力和风险，这种变化的步伐只会越来越快。最初，在特朗普时代这种变化以制裁和关税的形式出现，但随着

政治因素影响到方方面面，不断增加的ESG要求、可持续性发展的需求和其他社会议题开始推动决策和影响业务流程。能源转型和净零排放也对大宗商品行业产生了巨大的影响，由此产生的压力因新冠疫情以及后来的俄乌冲突而变得更加严重。其中关键的变化之一是电力贸易领域出现日内交易市场，以及行业内对其的重视程度越来越高。这有助于推动涵盖调度、配送和风险需求，以及围绕自动化和算法交易的大量ETRM功能子集的新解决方案的出现。

在此期间并购活动继续进行，比如，ION收购TriplePoint、OpenLink Financial、Aspect Enterprise、Allegro Development Corporation等平台，成为该领域最大的供应商。澳大利亚供应商Energy One也在不断进行并购，收购了Contigo、eZ-nergy和EGGSISS。日立（Hitachi）收购了Pioneer Solutions，EEX收购了Lacima。此外，Brady也遇到了困难，并在很长一段时间后成为两个独立的实体，由两个不同的所有者拥有。

在此期间，出现了许多新的供应商，将基于云技术的软件推向市场，而现有的供应商也为采用云技术做好了准备。当然，并不是所有的现有供应商都能基于云技术重构他们的解决方案，一些供应商提供托管解决方案（单一租户），也有一些供应商则提供真正的多租户应用生态系统。《CTRM供应商指南》（*The CTRM Sourcebook*）是截至2022年获得解决方案和供应商信息的可靠来源。工作流也成为解决方案的重要的一部分，允许业务流程自动化，并且更加注重用户界面，使用户更容易分析数据。

市场上出现的两个主要趋势之一是通过集成CTRM和ERP功能来为供应链提供更好的支持。我们称之为商品管理，并建议将CTRM系统归类为商品管理系统的一个子集。第二个趋势是，无论是来自相同或不同的供应商，或者是自主研发的应用程序都可以部署在云端上，提供更加灵活和敏捷的解决方案。以上两种趋势都将在本书中详细介绍。

截至本书撰写之时，市场上已针对多种大宗商品品种和行业细分领域提供多种可用的软件平台供客户选择，并且总解决方案数量达到了有史以来的最高水平。即使并购减少了市场上可供选择的解决方案数量，大宗商品交易的复杂性和变化速度仍然促使新的供应商不断出现，比如，近期加入市场的Previse、Topaz、CTRM Cubed和DsFlow就是典型的例子。同时，新的供应商经常在特定的区域出现，比如新加坡的CoreTRM。此外，为其他资产类别服务的Beacon Platform、Orchestrade和NASDAQ 风险管理平台等新的供应商也陆续进入市场。用户将迎来市场持续提供的很多不错的选择。

3

变迁中的厂商版图

能源和大宗商品交易与风险管理的供应商格局是动态的，一直在发展演进。我们的公司在过去10年中持续追踪了超过100家供应商。虽然这些公司的组成似乎每年都在变化，但是为这些市场提供服务的供应商数量之多，很好地表明了这个动态市场一直在不断寻求新的解决方案，来应对许多复杂和令人望而生畏的挑战，包括价格波动、供应链中断、地区冲突、供需模式变化以及正在进行的能源转型等。

3.1　我们是如何到达这里的？

鉴于商品市场的广度、规模和复杂性，服务这些市场的软件供应商格局由几十个细分供应商和少数试图服务尽可能多的商品价值链的大型且通常更老牌的公司构成，这并不让人感到意外。在大多数情况下，这些大型公司通过收购很多细分市场供应商来扩大业务，这些被收购的细分市场供应商通常服务过一个或多个区域性商品市场、特定的市场流程或其他特定交易需求；在其他情况下，这些大供应商专门针对直接竞争对手来增长其市场份额。

如上所述，早期的收购，即发生在20世纪90年代末和21世纪初的收购，往往集中在能源商品上，因而ETRM供应商希望通过走出传统的ETRM领域（本质上是交易采集和开票管理）来扩大他们的能力和市场范围，寻求能为能源价值链中不断拓展广度和深度的部分服务。虽然在那个时期，大宗能源交易与风险管理系统市场（尤其在天然气和电力方面）表现强劲，但当时最大的供应商在其系统中也存在功能缺口。为了填补这些缺口，他们开始并购一些专注于特定功能的小型、细分的供应商，如风险管理方面的供应商。当时最大的供应商，如TransEnergy

Management和Altra Energy Technologies，通过并购获取了一些额外的功能，但总体而言对整个市场格局影响不大。

然而，在2000年初，其他公司开始采取更积极的行动，以整合更大的市场份额。这些收购，比如Caminus等公司的收购，旨在通过购买较小且有时甚至在功能上重叠的竞争对手来增加ETRM市场份额。不幸的是，这些公司发现，这需要耗费大量的精力和资源来协调重叠的产品及其策略。尽管这些规模较大的收购公司倾尽全力，但通过收购竞争产品来实现增长的收益却令人失望。特别困扰这些收购公司的是，由于底层数据结构的复杂性，没有找到一个程序化方法，能将这些不同产品整合到一个共享平台上。因此，无论通过停止维护已收购的解决方案还是减少支持来降低成本，供应商几乎没有办法提高运营效率，并且即使他们无意继续销售该产品，他们也被迫继续为已收购产品的客户提供支持。他们所能期望的是，当客户寻找新系统时，他们能在竞争中占据一些优势（关系、价格等）。

或许是从这些失败的收购中吸取了教训，后续的交易（例如TriplePoint在2007年至2012年间的交易）倾向于扩大核心产品的范围，以便进军他们之前未曾服务过的新市场。TriplePoint的收购主要集中在农产品市场和大宗商品上，比如与Softmar、QMaster和WAM合作，这标志着一种新的软件类型即大宗商品管理解决方案的诞生。大宗商品管理解决方案涵盖了大宗商品价值链上的交易、物流和成本计算环节，并且在中下游商品市场中应用最多，包括食品加工和包装公司、农产品商和制造商。尽管在TriplePoint之前已经有一些服务这些市场的解决方案（通常被称为大宗商品ERP），但没有一个能够充分满足管理对冲和交易活动等日益增长的需求，往往在全国和全球范围内拥有最大业务规模的公司有这种需求。在大宗商品管理战略的推动下，TriplePoint能够获得几个备受瞩目的项目，销售价值数百万美元的软件许可，包括艾地盟（ADM）和嘉吉（Cargill），以及其他许多收益相对较小但仍相当可观的交易项目。

作为在2020年前该领域最大的供应商，OpenLink Financial 几乎与 TriplePoint 同时采取了相似的战略，尽管可能没有后者那么激进。在2007 年收购奥地利能源分析和优化公司 IRM 之后，OpenLink Financial 又在 2010年和2011年分别收购 DBC Smartsoft 和 Thede Ward，试图进军农产品 和谷物市场。尽管 OpenLink Financial 在非能源市场并没有像 TriplePoint 那样成功，但他们在2011年收购领先的烃类液体 ETRM 供应商 SolArc， 增强了其能源产品组合的竞争力。这次收购帮助他们巩固了在全球能 源商品市场的收入领先地位，使他们能够保持市场领导地位。在收购 SolArc 后不久，OpenLink Financial 于2012年收购了能源信用和分析公司 CubeLogic。然而，这次收购并没有像预期的那样成功，CubeLogic 随后 在2016年被出售给了包括原创始人在内的一群投资者。如今，CubeLogic 依然是能源信用解决方案领域的领导者之一，并持续提升其在能源和大 宗商品市场中分析和监管风险方面的能力。

总部位于伦敦的 Brady，是 CTRM/ETRM 领域唯一的上市公司，与 OpenLink Financial 和 TriplePoint 一样，在当时的收购领域也非常活跃。 从2009年开始，Brady 收购了在农产品、金属和软商品领域获得成功的 多商品产品供应商 Commodities Software Ltd.，并在之后陆续添加了其他 产品：2010年收购瑞士 Viveo 公司在大宗商品领域的产品 Viz；2012年收 购 Navita 和 Syseca；2015年从 Temenos 收购 Energy Credit，这些收购巩固 了其在金属领域的领先地位并扩大了其在能源市场的影响力，特别是在 北欧市场。此外，他们还于2012年和2015年在美国收购了一些废旧金属 业务系统。不幸的是，这些收购中的许多案例都存在功能和市场重叠的 问题，就像 Caminus 和 SunGard Energy Systems 在10年前的经历一样，该 公司难以协调收购的产品，尤其是那些重叠的产品。为公司带来的进一 步挑战是，股东们对解决重叠产品所需的长期投资缺乏耐心，当收入未能达到市场分析预期时，他们很快就撤回了支持。这导致公司陷入一段相当动荡的时期，而在2016年后引入的多个新管理团队，进一步加长了公司的困难期。经过几年的财务困境，废旧金属软件被出售（2018年），并且随着公司接近破产，它在2018年被一个新的投资者集团Hanover私有化了。在新投资者的支持下，Brady在能源信用和欧洲能源市场领域进行了额外的收购（2022年初收购Igloo，2021年收购CRisk）。随着公司日益聚焦能源市场，Brady将其非能源商品业务于2022年中出售给Symphony Technology Group（STG），并改名为Brady Technology，现在是一家专注于欧洲电力市场的能源软件供应商。截至2023年初，STG旗下的Brady Commodities业务也重新进行了品牌定位，更换名称，并与Brady Technology切断联系。

总部位于印度的Eka，在亚太、欧洲和北美地区的农产品、软商品和金属市场上享有很高的地位，他们于2013年收购了加拿大能源软件公司Encompass以及专注于采矿、散货处理及航运市场的澳大利亚公司Matrix。

作为老牌的ETRM供应商之一，Allegro Development Corporation也加入了积极并购的公司行列，首先在2015年收购了专注软商品的JustCommodity，随后又在2018年收购了FEA。

3.2　进入ION时期

起源于金融交易市场的ION，为了扩大业务，在2013年收购了TriplePoint（当时CTRM领域排名前三的供应商之一），以扩大他们在实货商品市场的影响力。ION期望借助这项价值近10亿美元的交易，在多个商品领域成为市场领导者。然而，根据ION前领导团队成员的透露，很明显该收购并未达到ION的期望。因此，ION实质上撤离了实货市场，以稳定核心产品CommodityXL（现称为TriplePoint），并更好地将该解决方案与TriplePoint在之前几年所收购的各种产品进行整合。经过数年努力地重建和网页化改造后，该公司开始购买其他实货商品解决方案，首先在2017年收购了Aspect Enterprise（一种基于云技术的石油和其他商品交易解决方案，包括精矿），紧接着在2018年收购了OpenLink Financial（当时最大的CTRM供应商）。有趣的是，在ION寻求收购OpenLink Financial的同时，Allegro Development Corporation也在追逐该公司。在赢得OpenLink Financial争夺战后，ION随后于2019年收购了Allegro Development Corporation，将当时按收入计算的第二大供应商纳入他们的产品组合中。

尽管ION在市场上（尤其是在被其收购产品的客户中）往往被视为是不值得信任的，但他们似乎在占领市场最大份额的策略上取得了相当大的成功，无论是通过收购产品、巩固客户基础，还是通过收购后继续成功销售这些产品给新客户。如今，ION仍然是许多实货商品销售的主要竞争者，特别是在石油、石油产成品、天然气、液化天然气、液态燃料和电力的能源交易领域，具有强大的实力。

该领域的合并与收购仍在继续，例如近年风险工具供应商Lacima被EEX收购。由于这个领域对外部投资者非常有吸引力，所以预计还会有其他收购事件发生。尽管如此，新供应商的出现确保了市场上产品数量仍超过100种。

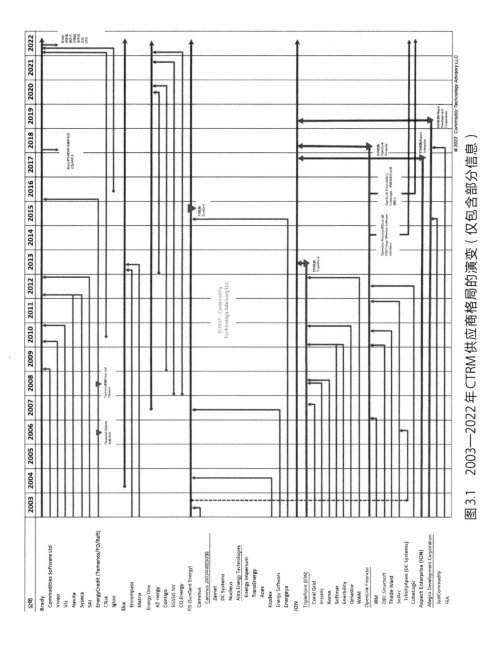

图 3.1 2003—2022 年 CTRM 供应商格局的演变（仅包含部分信息）

3.3 CTRM市场仍然充满活力

尽管在过去的10年中，ION集团收购了CTRM领域最大的几家供应商，但截至撰写本书时，CTRM、ETRM和CM软件市场依然非常活跃。传统解决方案的市场份额仍在不断扩大，新的参与者也在纷纷进场，并且整合情况仍时有发生。

Energy One，一家为放宽管制的澳大利亚电力市场提供软件的供应商，近期已崭露头角，成为全球参与者，接手了欧洲天然气和电力市场的多个供应商，包括eZ-nergy、Contigo、EGSSIS NV以及澳大利亚公司CQ Energy。通过与该公司领导层的对话，我们清楚地看到他们有继续扩大公司规模的雄心壮志，他们将进行更多的并购行动，并在现有产品线上进行大规模的投资。目前，Energy One采取的策略是利用其在欧洲和澳大利亚的地理位置优势，以7×24全天候模式在执行调度等领域提供SaaS软件及服务。但截至撰写本书时，他们在美洲还未开展任何业务。

如前所述，ION的收购行为常常在市场上引起一些担忧，在现在许多软件采购选型中，潜在客户要求将非ION产品包括在潜在供应商及解决方案采选名单中。虽然这个包含非ION产品的名单取决于交易的商品种类以及所处的市场或地理区域，但这一策略为较小的供应商提供了入场的机会，并帮助这些公司加速成长。

举例来说，总部位于美国休斯敦市的Enuit公司，在过去的几年里规模迅猛增长，达到每年几乎翻一番的程度。他们不仅扩展了自己在欧洲和亚太地区的业务，而且在多种实货商品类别中成为ION的有力竞争者，这些商品类别包括天然气、液态燃料、电力、原油、成品油、液化天然气以及金属和精矿。此外，Enuit在中国拥有一家有几十位员工的正规子公司——翌能（北京）咨询有限公司，已经在处于CTRM行业初级阶段的中国市场站稳了脚跟，并开发了一款名为Entrade的CM版本解决方案。

再例如，新进入CTRM领域的Molecule以其创新技术和不断增强的实货能力（包括美国电力调度）也实现了快速的发展。同样从"ION效应"中获益的还有Power Costs，他们在美国电力市场成功地取代了ION的产品，为多家客户提供服务。曾经以TradeCapture为人所知的Amphora，在石油和石油产成品市场上经过多年持续努力后，重新开始崭露头角，成为在石油和石油产成品市场上的领先供应商，并经常与ION的RightAngle产品形成竞争，偶尔也会获胜。Amphora将其所有的利润重新投资于软件开发，并于2023年推出了新的金属精矿交易解决方案——Alchemy，目标是将其发展成为全面的金属交易解决方案。他们也在积极研发风险管理和碳排放方面的产品。另外，Eka似乎也从ION最初处理TriplePoint问题时的困境中受益，现已成为跨多个市场和商品类别的有力竞争者，并从前TriplePoint客户那里赢得了新的业务。

另外，FIS已经完成对SunGard Energy Systems的收购，现在，他们似乎已经构建出一套明确的策略，就是推广他们库存中的三款特定软件产品，这些产品包括：曾经被称为Aligne的产品，现在已经更名为FIS®能源交易、风险和物流平台，又称Kiodex；以及为小型能源公司提供投资组合管理解决方案的FIS能源投资组合管理器（原名XDM）；还有就是针对市场低端客户的XDM Select。此外，他们也开始将其他像Adaptiv这样的风险管理解决方案引入这个领域。最近，他们开始将关注重心转向北美的天然气和电力市场，并在那里公布了两项新的合作伙伴关系。

日立逐渐成为能源市场一股日益增强的力量。近年，他们收购了西门子的能源软件业务（这家公司在过去10年中收购了几家与ETRM业务相关的公司，包括Ventyx；而Ventyx自身也收购了New Energy Associates、KWI、Henwood以及来自Structure Group的nMarket解决方案）。通过在2021年收购Pioneer Solutions，日立看起来处于有利地位，可以重振部分收购的产品，并在未来几年中展现出良好的增长势头，尤其是在欧美的电力、排放权与碳交易市场。

尽管全球市场中很大一部分由传统CTRM供应商主导，但SAP[①]对这些公司所占市场份额的威胁正在日益加剧，尤其是在那些由SAP的ERP和会计解决方案占据主导地位的顶级市场中。一直以来，SAP的ERP解决方案都在为全世界大部分以大宗商品为中心业务的超大型公司的需求服务，尽管这些需求主要集中在会计和财务报告方面，而对于客户在大宗商品管理方面的很多需求，包括买卖或交易商品、对冲、管理供应链和估值，SAP之前一度依赖包括TriplePoint在内的合作伙伴网络来满足要求。但是，近年来，SAP在农产品市场上的许多全球性客户（包括ADM和嘉吉）的支持下，已经开发出了众多附加功能，他们在S/4 Hana平台上的CM软件可以被看作是许多曾经追求CM策略的CTRM供应商的潜在竞争者和威胁。事实上，SAP在诸如农产品、金属矿产、汽车、石油和天然气等领域已经取得了相当大的成功。S/4 Hana平台提供云端的SaaS服务，SAP采用有局限性的生态系统解决方案来填补任何可能的功能缺口，其中包括与风险管理供应商Lacima的合作。

从地域视角看，北美和欧洲依旧是大宗商品软件行业两个最大的市场，特别是这两个地区的能源市场。由于这两个区域的市场各自独立发展，且增长速度不同，因此每个市场都有其独特的功能需求，最初设计以满足某一市场需求的软件在另一个市场上往往难以完全契合。因此，有几家专注于满足这些特定需求的小型软件供应商，在这个领域找到了他们的成功之路。

举例来说，在美国，正在进行的能源转型为那些服务于北美电力市场的供应商提供了发展动力，包括PCI、OATI、MCG、Hartigen、Adapt2

[①] SAP 全称 System Applications and Products，是一款企业管理解决方案的软件名称。——译者注

和Power Settlements等。而在欧洲，尽管欧盟正在努力统一天然气和电力市场，但各地区之间的特色仍然鲜明，许多小型供应商专注于满足特定地区的需求，如德国、英国、中欧国家以及北欧和比利时-荷兰-卢森堡市场。此外，欧洲在某些方面可能更具创新性，一些以灵活的新技术和云计算为基础的供应商如Gen10和Agiboo已经崭露头角，还有一些新晋的供应商，如Previse Systems、DsFlow、CTRM Cubed、Topaz等。也有一些本土供应商，如捷克的Unicorn、匈牙利的NavitaSoft、斯洛伐克的IPESoft和Microstep、罗马尼亚的Rhingel、意大利的Phinergy和Synergetica、芬兰的InStream等。这些专注于欧洲特定市场的公司为Energy One这样的企业提供了进一步整合市场、扩大市场份额的机会。我们预计，随着这些市场的不断成熟，未来几年将会看到这种趋势的发展。

虽然如上所述，美国和欧洲目前仍是CTRM/ETRM软件行业规模最大的两个市场，但亚太地区是增长最快的市场，在可预见的未来将继续保持这一趋势。尽管该地区的增速很快，但其软件市场依然是高度分散的，也正因为如此，像Tigernix和Core TRM这样的本地小型供应商，才能通过为各个国家特有的能源市场需求提供解决方案，保持在该区域的持续发展和壮大。然而，包括Enuit、ION、Fendahl在内的几家美国供应商，以及其他几家供应商在与中国和日本的大型能源公司的合作方面已经取得了一些成功。此外，Eka在该地区的食用油及其他农产品和软商品，以及金属和矿石市场的交易管理上继续表现出色。尽管我们预计以上这些公司将继续扩大在亚太地区的影响力，但对于其他西方国家的供应商来说，进入亚太市场一直是一项具有挑战性的任务，语言差异、销售周期的延长以及包括有经验的从业者在内的本地资源的缺乏都构成了进入这些市场的壁垒，同时也增加了成本。因此，我们预计本地供应商将继续在这个市场中占据主导地位。

目前，中东及非洲市场也正在蓬勃发展。例如，Fendahl 在该地区设有区域总部，而 ION 和 Amphora 在该地区的业务量也在增加，主要集中于石油和天然气领域。非洲也见证了一些 SaaS 供应商的崛起，这些供应商在区域内取得了一些小规模的成功。近年来，南美洲也有些动向，比如 Agiboo 等公司在该地区进行了一些较小规模的交易。

鉴于许多大宗商品企业，特别是电力企业，更多地以资产为中心，ETRM 市场也包含了一些更为人熟知的控制系统（Control Systems）和监控控制与数据采集系统（SCADA）[①] 供应商，如之前提到的日立，还有 Volue、Kisters、ProCom 和 Soptim 等。此外，电力领域还有一些专注于"日内交易"的解决方案，提供自动和算法交易的解决方案，这正在逐渐成为新的 ETRM 相关软件类别。这其中包括通过收购 Visotech 进军此领域的 Trayport，收购 Likron 的 Volue，以及收购 eZ-nergy 的 Energy One，还有其他几家在该领域活跃的公司。

在 CM 领域，SAP 面临着如 Cadran（提供 Arantys 系统并将其作为在交易风险管理领域的扩展）等微软经销商的竞争，而 Cultura 则通过收购 Scalable 来提升竞争力，Enuit 因为推出了其 CTRM 软件的 CM 版本获得了一定的优势，还有 Gen10 等其他企业也在竞争序列中。目前，大部分主要的 CTRM 供应商也都在涉足 CM 领域，使得它们之间的差异变得日渐模糊。

尽管金属市场是所有大宗商品市场中规模最小的，但随着能源转型的推进，金属市场增长的潜力正在被放大。铜、稀土、电池金属等产品的需求都会显著增长，甚至可能会供不应求。或许这也是我们看到许多新

---

① SCADA 的全称为 Supervisory Control and Data Acquisition。这是一种工业控制系统，用于在大范围（地理上或复杂性上）内监视和控制工业设施和基础设施。SCADA 系统可用于自动化过程复杂的工业领域，如能源、制造、电力、水和废水处理以及其他许多市场领域。——译者注

的供应商进入这个市场的原因。在过去，这个领域主要被Brady和ION占据，但现在我们看到像Commodity Engineering、ION的Aspect Enterprise、Amphora的Alchemy、Enuit、Fendahl、Gen10等新进入者从市场角度切入这个领域，同时也有一些专注于矿业的供应商如Mineman和Datamine开始涌现。

在整个风险管理领域，尤其是与大宗商品公司面临的各种风险敞口相关的部分，是另一个引人关注的热点。CTRM解决方案可能提供也可能不提供强大的风险分析工具，因此，用户通常会寻求专注于风险管理的解决方案。这包括FinTech风险解决方案以及特定的商品解决方案，例如Lacima、CubeLogic、Kyos、iRisk、ION（FEA）、Ascend analytics、Numerix、Quantifi、Risk Edge Solutions等。此外，一些FinTech风险管理平台已经扩展到CTRM，例如Compatibl和NASDAQ风险管理平台。由于有些公司使用多种交易追踪方案，因此，由Tradesparent、CubeLogic、Eka、FIS等供应商提供的"企业风险汇总"服务也越来越受关注。当然，还有针对监管报告、信用风险管理、交易监控、对冲等特定领域的一整套解决方案，有可能由与CTRM系统有（或没有）接口的供应商提供。最后，像Beacon Platform和Topaz这样的新进入者在风险管理和交易领域提供了比大多数解决方案更先进的方法。

毫无疑问，CTRM软件行业将继续保持竞争力和活力，未来既有可能进一步整合，也可能有新的参与者加入。全球市场对原材料的需求巨大（这常常受到中国市场的驱动）并且预计会继续增长，这就为CTRM软件行业创造了一个充满活力的市场环境。

·4·

云技术和生态系统——一种新方法？

近几年来，云交付软件逐渐成为主流，它的地位远远超过了早期被采用时的情形。当今许多公司都在使用至少一个云技术或SaaS应用程序，要么是主动选择，要么是被动与行业伙伴或服务供应商进行有效合作。因此也可以说，大宗商品相关行业业务变化的速度之快和水平之高是前所未有的，支持这一市场的技术正在推动这些变化，也同时在被这些变化所驱动。最终，该行业正朝着更加集成化的供应链方向发展，重点是优化、自动化、协作化、效率化和更好的控制，所有这些都将继续影响CTRM和CM软件。

作为分析师，我们还观察到从大型单体和孤立的应用程序转向更敏捷和更专注的应用程序生态系统的趋势，这些应用程序使用丰富的API（Application Programming Interface，应用程序编程接口）将它们联系在一起。同时这些专用应用程序越来越多地部署在云端和云基础架构中，基础架构能够提供可控的可扩展性以及改进的性能和安全性，微服务也越来越多地用于此情形下。本章将更仔细地探讨CTRM的技术和架构趋势。

4.1　CTRM作为架构

CTRM市场作为极其复杂的市场，其发展和演化持续受行业需求快速变化的影响。监管变化、经济和贸易模式变化、工业技术进步和地缘政治冲突等因素导致大宗商品市场性质迅速变化——新市场、新公司和新的经营方式似乎每天都在出现。随着ESG、能源转型、俄乌冲突等问题的出现，这种情况只会继续发展。

随着每一次变化，对对应功能的新需求被强加给现有的供应商和他们的产品，但同时，这些变化也为新的供应商提供了进入市场的机会，以他们"最新和最伟大"的产品作为切入点打入市场。软件技术创新也严重影响了这些变化，过去是迁移到客户端或服务器架构，现在是迁移到支持网络的云交付解决方案，这是两个主要的例子。

事实上，在CTRM类软件发展的20多年历史中，大家的"终极追求"通常是开发一个单一的综合解决方案，即涵盖所有（或至少是最常见的）商品、地区、供应链和资产的属性。但是不幸的是，经验证明这种单一的综合解决方案不可能在商业上实现和得到支持。然而，现在仍有个别人存在一种迷恋这种单一的综合解决方案的认知，即这仍然是目标。尽管一些供应商（包括一些投资了定制解决方案的市场参与者）试图构建能够满足任何潜在客户的任何需求的单一解决方案，虽然他们已经吸取了许多教训，但ComTech认为，在当前情况下，一个单一的、综合的可以解决所有商品和市场管理需求的CM/CTRM解决方案，几乎不可能在商业上实现。坦率地说，这可能也不是特别可取。相反，在我们看来，最合理的方法是架构方法——一种结合特定模块、应用程序或单个产品的方法，以满足单个公司及其所在特定市场的运营管理需求。我们的论点是，CM/CTRM首先是一种架构，也应该是一种架构，其中部署了特定的技术和解决方案来解决当今市场参与者面临的一系列复杂问题。

4.2 不断演进的需求

在过去的20多年里，我们一直关注CTRM/ETRM/CM软件的发展，并观察到服务于多个商品类别的单一综合软件解决方案根本不是应走的路，即使该解决方案被宣传为"高度模块化"。相反，我们认为需要以不同的方式剖析，并从架构上看待这个问题。

在这方面，我们认为需要考虑以下事实：

- 交易型数据最好在基于事务的数据管理环境中进行管理，计算型数据最好在内存中计算或以其他方法处理，文档型数据最好使用对象存储、文件存储等其他存储机制来处理，在单个架构体系中部署多种存储解决方案有助于提高系统性能和易用性。

- 相同的数据通常需要以多种不同的方式采集、分析和报告给不同的用户和第三方。许多 CTRM 以数据沉淀器而闻名，其中数据一旦存储，就相对难访问。此类问题可以通过引入新技术和工具来解决，以允许相对容易地访问数据。

- 每种商品都是不同的，简单地将足够的灵活性构建到一个单一的综合解决方案中，为所有用户、多种商品类型和行业细分市场提供他们所需要的东西，已被证明是极其困难的，坦率地说，没有供应商能够做到这一点。即使这些特定商品解决方案是由同一供应商以真正的模块化方法提供的，那些深度开发功能来支持每种特定商品的方法对于大多数公司来说，依然是最终正确的途径。

- 特定于某种商品的解决方案还必须支持该商品供应链的细节，包括物流、实物资产（船舶、仓库、储罐等）、文档、税收等。

- 用户希望并期望直通式处理，而无需人工干预，因为数据可以在打通的"模块"甚至外部解决方案之间移动。

- 与各种其他系统、组织和数据源的真正连接或集成将是必需的，并且必须通过先进的集成工具来促进，这是供应商长期以来一直在寻求的目标，但往往没有实现。

- 监管报告是非常复杂的，涉及交易合规和需要报告的相关数据、管辖权等其他问题。不幸的是，随着REMIT和EMIR等监管要求的第二次和第三次的迭代出现，许多报告结构也将发生变化。

- 在整体架构方法的背景中，整合不同需求与功能点的解决方案是更高效的。

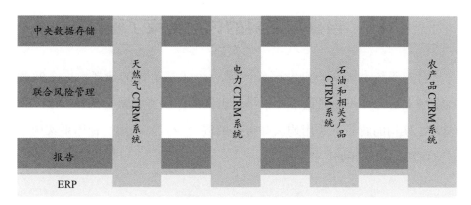

图4.1　CTRM架构方法

架构方法在一个框架内提供各商品的详细特定功能（针对单个功能的专门解决方案），该框架纵向提取和整合了通用数据、复杂计算引擎、企业风险报告、监管报告和企业会计。

从本质上讲，CTRM领域的大多数供应商都提供单点解决方案和部分架构，但直到最近，才开始有少数厂商支持将CTRM作为业务生态架构。应用程序生态系统的发展出现了一种明显的趋势：无论是由单个供应商还是由多个供应商，甚至是由用户构建的应用程序，都使用API将其连接在一起。此外，这些产品大多部署在云端。

CTRM作为一个生态系统或体系架构是非常有意义的，因为它有助于将大量功能、特性和技术的交付难题分解为更小的、可解决的问题。它还允许希望采用更定制化的方法来构建和购买解决方案的大型公司在此过程中组建一个生态系统。生态系统方法还可能使公司更快地实现数字化，因为开源和新技术（如区块链、人工智能和机器学习）也可以以集中和有效的方式部署在该生态系统中。

4.3　自建与购买的讨论结束了吗？

自建系统和购买商业化系统，哪一个才是更好的选择？这个问题在市场上被无休止地讨论了几十年，正确的解决方案似乎是在云端综合CTRM架构的背景下采用购买和自建的混合方式。采用这种体系架构方法来解决问题的好处包括：

- 能够利用成熟且功能丰富的商业解决方案，这些解决方案在满足某些商品、独特供应链业务和特定业务功能方面表现出色。
- 组件化的升级或修复，与应用单体的企业级规模解决方案相比，减少了测试与升级负担。
- 通常一些包罗万象的大宗商品管理解决方案缺少解决某些市场或商品所需的实时风险管理和头寸报表等，但云端综合CTRM架构通过整合领先的风险管理和报表解决方案，可以综合且直观地呈现公司范围内的风险管理情况。
- 可以满足运输和管理实物商品的贸易公司的业务需求，更好地实现优化的对冲策略和提升供应链上的商品价值（跨地域货物调剂、库存优化套利等）。
- 确保数据的记录在整个过程中保持一致，被妥善维护和保护。

该决策可能不再是一种非此即彼的方法，而是可以允许两者兼而有之，形成一个在云端的具有灵活性和可扩展性的总体架构。

事实上，一系列较新的供应商已经采用了这种模式。Previse Systems、Eka和CTRM Cubed是采用生态系统方法和应用商店概念的供应商，其中任何人，不论是合作伙伴还是用户，都可以通过引用和使用标准API来销售或赠送附加模块或功能。其他供应商，如Gen10、日立能源（前身为Pioneer Solutions）、Fendahl、Agiboo、CommoTrack等也采用了类似的模式，而许多其他供应商则选择了生态系统方法。这些供应商已经开发并发布了在云端作为服务交付的特定功能，包括FIS、ION等，而SAP最新的商品管理模块也在其基于云技术的S/4 Hana平台上采用，并且还包括应用商店概念。事实上，许多供应商已经以一种或更多方式参与并掌握了这种方法。

到目前为止，把CTRM作为一种架构在应用程序和API生态系统框架上进行交付的模式虽然看起来确实有优势和好处，但行业中的大部分公司仍在使用具有庞杂且昂贵的自定义接口的传统单体软件方式。有些公司仍在构建自己的定制解决方案，我们知道的一两个此类计划正在将云方案作为定制生态系统的构建和交付方案。因此，许多业内人士需要时间去适应及采用这种方法，而且，他们最终可能会做到这一点，甚至将他们昂贵的传统应用程序变成虚拟数据存储并围绕它们进行构建。与此同时，我们看到众多中小型大宗商品公司以及提供这种模式的供应商和产品正迅速采用这种模式。这个数量是如此之多，以至于我们也可以说CTRM和CM软件有一个相当大的替代市场。

4.4　其他好处

在一个飞速变化的时代，不断变化的用户需求以及对从机会中获利和管理新风险的追求需要供应商迅速作出反应。而在规模小但功能深入（针对特定商品）或广泛（用于金融、风险管理等）的应用程序中，这些应用程序可能由多方提供，从而带来一系列额外的好处。其中包括：

- 提高适应性并降低成本，因为可以像做手术一样替换小范围的功能，而不会影响整体解决方案的其他部分。

- 更容易的整体支持和维护。

- 更多的选择——这不仅仅是选择供应商 A 还是供应商 B 的问题，因为一些繁杂的功能在局部上并不是最佳的选择。它可以是多个供应商之间的多个采购决策，有助于增加竞争力并确保所有业务领域的最佳功能得以发挥。

- 降低实施、升级和更换风险。CTRM 中的一个秘密是许多实施都是次优的。通过生态系统方式，其中大部分风险被规避。

4.5 本章总结

经过 20 多年的研究和分析，基于间断-均衡模型理论[①]，对于到底什么样的系统和生态能够适应发展非常迅速并深度异构的市场这一问题，我们认为，CTRM/CM 最好被作为如上所述的商业化的和潜在的本地化解决方案混合的体系架构或生态系统。我们需要让买家可以在 CTRM 作为体系架构的环境中通过购买和自建的方式来解决问题，而不是通过单一系统的广泛叠加。当然，这将需要各个供应商的合作和支持，但鉴于该领域最大的供应商的年收入仅为 3 亿美元左右，而且大多数供应商的年收入不到 1500 万美元，他们根本没有财务能力或意愿自己投资建造"完美系统"。有些参与者，如 SAP，确实有能力将专有架构推向市场，虽然这种"大包大揽"解决方案的投资回报可能不会达到他们设定的投资要求，但无论如何，SAP 已经有意逐步采用上述类似模式。

归根结底，大宗商品行业参与者面临的问题有太多的维度和层面，无法在单一解决方案中加以解决，变化太多太快，以至于如果不基于体

[①] 间断-均衡模型，源于生物进化的间断-均衡说，用以描述渐进性与非渐进性的演变过程。——译者注

系架构方法,就难以建立一个适应性强且可扩展的解决方案。供应商专注于提升核心竞争力,同时买家寻求最合适的构建模块(其中许多或大部分实际上可能来自单个供应商)是有意义的。云端及云相关技术似乎处于有利地位,有助于实现这一愿景。最终,由构建模块组成的解决方案不仅功能丰富,而且能充分满足客户独特的资产、商品、市场和流程组合要求,使购买此类技术的用户利益最大化。

·5·

颠覆性技术对大宗商品软件
技术的影响

近几年来，数字化已经成为大宗商品行业持续的发展趋势，当前的地缘政治、价格波动、通货膨胀等带来的多重商业问题，正在加速驱动这一趋势。特别是居家办公模式开始应用之后，大宗商品行业直接暴露了许多流程和技术上的薄弱环节。数字化在持续推动对云计算、数据管理、工作流、自动化、人工智能和机器学习等技术的投资。颠覆性技术通常会推动数字化创新和其他宏观趋势发展。例如，市场上出现了大量利用人工智能提供辅助商品价格预测服务的新供应商。供应商和用户也开始采用不同形式的自动化，特别是机器人流程自动化（Robotic Process Automation，RPA），对上面提到的居家办公进行引导帮助和流程控制。

我们分别在2018年和2021年对市场上的颠覆性技术和CTRM软件进行了研究。通过这两项调研，我们获得了数字化以及推动数字化的技术等方面的大量信息。目前在整个行业被广泛接受的云计算和SaaS一直以来是大多数公司关注的焦点。数字化之前应该先进行数据管理，虽然最近有迹象表明对数据挖掘及管理的关注度有所减弱，但这也是一个重要的投资领域。从另一个角度来看，市场在从整理数据向从数据中挖掘价值转变。当然，无论何时，上述趋势在不同的公司或技术供应商内部的成熟度都会参差不齐。一些创新型供应商已经采用了真正的云技术，而有些供应商出于不同的原因才刚刚开始考虑采用这项技术，对于最终用户也是如此。我们真正关注的是整个行业对于特定技术的技术采用曲线的普遍情况。

在撰写本书时，从云计算技术采用的角度来看，我们似乎正在接近高峰，也许在投资方面稍微超过了数据管理的峰值。人工智能、机器学习和自动化仍处于技术采用曲线的高峰前期阶段，预计未来几年将吸引越来越多的投资。这些技术已经开始在实际业务中应用，并在当前行业大背景下开始不断出现新的用例，特别是在需要更好地控制远程工作，应对数据量大幅增长，以及需要应用新工具或新应用程序进行业务可行性预测方面。此外，利用RPA等人工智能支持技术，在允许机器管理日常重复工作后，释放出人力资源，以其积累的专业知识去集中处理非日常的例外情况，这也是该类技术应用的价值之一。因此，我们预计在这些领域的投资将持续增加。

区块链作为过去5年来被大肆宣传和吹捧的"下一个大潮"，似乎距离广泛的实际应用还有一段距离。实际上，与我们2018年的研究相比，区块链现在可能离实际应用更远了。这不仅体现在2021年计划投资区块链的调查受访者较低的占比上，还表现在部署区块链技术的成功案例的数量上。同时，由FTX交易所引发的加密货币领域的动荡以及其他机构引起的越来越多的失信事件也加剧了这一情况。基于迄今为止的投资结果和实现的效果，我们认为区块链将用于通过智能合约安全记录某些类型的交易数据，起初可能用于管理货权转移，并且在近期到中期的未来，区块链仍将是在一小部分支持商品交易和管理的应用程序中部署的小众技术。

区块链在推广过程中的一个阻碍因素是通常需要创建联盟链来持有和运营这些项目。任何熟悉大宗商品行业历史的人都非常清楚，在这个行业中，联盟、标准和合作并没有特别成功的记录。行业中的大部分区块链项目都是通过联盟推动的，其中的双重挑战是，所需的变革和颠覆不仅仅涉及技术本身，还涉及思维模式和工作方式的改变。

再如虚拟现实（Virtual Reality，VR）等其他技术，似乎仍处于感知的边缘。然而，有证据表明，随着越来越多的用例出现，增强现实（Augmented Reality，AR）的使用范围正在逐渐扩大。

总的来看，不断增长的居家办公趋势，以及对更高的效率、更好的控制和更强的敏捷性的需求，在推动数字化转型的同时，也在影响众人对于颠覆性技术的看法。这就包括对云计算、自动化、人工智能和机器学习、更好的数据分析、异常处理，以及安全性的加倍重视。而且在安全性需求方面，区块链似乎在未来有助于提高加密安全性，特别是在关键基础设施等敏感领域。

每种技术都有其自身的采用曲线，也存在相应的早期采用者和落后者。这些技术的推动有助于将系统从庞大的单体系统转变为包含众多特定应用程序的生态系统，并从传统的本地部署转向 SaaS 或至少向基于订阅的定价模式转变。这一点可以从 SAP 采用的 S/4 Hana 加行业云的方式中看出，它以应用商店为前提为创业企业提供一众特定专业功能模块。

值得注意的是，尽管这些新兴技术在不断地被推进和采用，与金融服务或面向消费者的市场相比，大宗商品市场在整体上通常相对滞后。在这些复杂的大宗商品市场中，数字化和颠覆性技术的部署仍有很长的一段路要走，对许多人来说，Excel 仍然是首选的工具。

5.1 人工智能和机器学习

在 IBM 官网上可以找到关于人工智能（Artificial Intelligence，AI）的比较贴切的定义：人工智能指的是使计算机和机器能够模仿人类思维的感知、学习、解决问题和决策的能力。机器学习是其中一个分支，指的是专注于从经验中学习并随着时间的推移改进其决策或预测准确性的应用。深度学习是机器学习的一种类型，应用程序通过自我学习来逐渐提高执行任务的准确性而无需人为干预。

在过去几年里，人工智能和机器学习在大宗商品领域的应用迅速扩大。人工智能和机器学习通常可以和工作流、自动化工具相结合，或以专有的集成方式来促进行业数字化，帮助优化特定活动，提高效率并降低成本。在某些情况下，人工智能还可以用来实现常规任务或数据对账的自动化，只是将例外情况留给人工干预，这种形式不仅可以节省时间，而且能明显提升流程效率。

虽然以下列举的用途并不全面，但是包含了 ComTech 目前了解的在大宗商品领域中人工智能应用最常见的一些用途。

短期市场预测

事实上，随着应用人工智能和机器学习增强技术的短期市场数据预测（如价格预测）供应商的出现，这一市场正迅速变得过于拥挤。供应商利用航空、卫星采集的图像，并将其与其他数据进行整合，包括宏观经济、计量经济、生产和库存数据以及社交媒体数据等，从而提供通过人工智能增强的跨各类商品品种的价格预测，包括农产品、电力等各个领域。

然而，人工智能增强型预测确实依赖于先进的数据收集以及其可用性，并且基于商品领域的复杂性，适用性会有所不同。例如，卫星图像对于在露天矿山中绘制主产金属商品的矿山及其矿藏地图是有用的，但对于其他产量和运输量较小的商品来说作用不大。需要指出的是，生产商总是会试图隐藏库存。类似的方法也可以用于石油、石化、农业生产等领域。尽管如此，在数据收集受限的市场或商品中，人工智能可以更有效地汇总研究，分析市场情绪和历史数据，从而得出更准确的商品价格预测、库存消耗预估、船舶航迹及港口活动预测等。

例如，美国数据服务公司 Enverus 在电力市场的短中期价格预测中运用了机器学习技术。2021 年 2 月得克萨斯州电力可靠性委员会（ERCOT）宣布电力市场出现历史性中断时期，Enverus 通过提供比其他来源和服务公司更准确的市场价格预测，展示了机器学习技术的应用价值。

优化供应链

通过供应链高效地运输大宗商品对于提升盈利能力至关重要。人工智能系统中的供应链组件可以成为实现实时商品数据优化的王牌。此外，更高精确度的数据对于作出关键的交易决策意义非凡。以下列举在供应链中应用人工智能和机器学习技术的部分例子：

- 综合考虑运输方式、地点、成本、时间、商品特性（例如冷藏需求、碳足迹等）因素的路径优化。
- 包含以上综合考量因素的运输优化。
- 自动化指定、平衡以及调度。在自动安排多数交易的同时，针对小部分难处理的交易提供手动设置或检查的异常管理功能。
- 利用库存和运输路径或港口的图像，预测可能出现的问题、难题和机遇，从而获得对供应链的洞察和更多的可视性。
- 使用异常检测、执行周期时间预测和下一步最佳行动建议等技术来减少供应商准入和合作的复杂性。

Polestar、Vasanda和Carbon Chain的合作项目是我们看到的在供应链中应用这些技术的一个很好的例子。该项目将ESG的可审核性与供应链优化相结合以实现ESG要求，并了解交易的碳足迹。其中，Vasanda组件利用图像等不同类型的数据信息来衡量大宗商品交易活动的ESG影响。

交易

人工智能和机器学习等技术在不同品种的商品市场，尤其在具备金融属性的大宗商品交易市场中发挥着优化和自动化交易活动的作用。在实时或日内电力市场等交易领域使用机器人进行自动化和算法交易已经相当普遍。欧洲等市场上出现了通过人工智能和机器学习技术进行算法交易和优化来帮助客户自动化短期电力和天然气交易的完整ETRM软件子类。像Volue、Trayport、Energy One、ProCom、Brady等供应商都在推广此类解决方案。这些解决方案还逐渐扩展到调度执行和数据可视化领域，以支持日内交易活动。其他像Enegen等供应商更进一步创造了资产调度优化解决方案。

Venus Technology Ventures的产品Mistro是由前交易员们创建的结合自然语言处理和机器学习技术开发的软件。此软件是为理解常用的交易术语而创造的，凭借其机器学习能力，可以快速学习交易员惯常使用的交易用语。管理员和用户还可以在其词典中新增交易场所中使用的特定语言。配置完成后，内部词典会捕捉关键词和短语，并将它们转化为可用于其他流程和应用程序的内容。

人工智能解决方案在大宗商品交易中可以起到通过自动化来提高生产力的作用，并且节省时间。交易员使用多种形式的沟通方式，有时会同时执行多笔交易。无论是通过消息平台、电子邮件还是电话，交易员很难记住每笔交易的所有细节。人工智能，尤其是自然语言处理和机器学习，可以协助交易员从所有的信息源中收集信息后，根据这些信息采取适当的行动。

自然语言处理和机器学习等技术也可以用于浏览社交媒体、观察沟通行为以及监控其他信息源，以捕捉市场失衡的早期迹象并指导交易决策。一旦采取行动，这些技术可以帮助确保交易录入的准确性（许多交易是事后录入的）。在交易录入环节，此类技术还可以根据对交易员日常活动的理解来帮助输入额外的交易数据，以节约时间。

其他领域中的应用

事实上，人工智能可以应用在众多大宗商品领域，而且在有些领域已经存在成功案例，其功能包括预测性维护，资产管理与优化，库存管理，后台部门的对账、结算、发票匹配，等等；甚至在一些相对鲜为人知的领域，如为鱼类提供饲料的时间管理和农作物管理等领域也有应用。我们在市场上看到的一个趋势是例外管理，即在自动化流程中由人工智能识别出那些需要人工干预的地方。另一个趋势是事件驱动的报告，即由人工智能支持的事件驱动的计算、流程和报告。

Risk Edge Solutions 一直以来为客户开发并提供人工智能相关解决方案，已有一些成功案例。例如，Risk Edge Solutions 为一家总部位于新加坡的农业企业提供了基于网络规划与分析（FP&A）的解决方案，利用先进的机器学习算法，基于历史数据模拟其损益表并预测作物产量。该农业企业的业务遍布全球 70 多个国家，并向全球超过 22000 个客户提供食品和工业原材料。Risk Edge Solutions 还为金属和采矿行业设计并构建了使用机器学习算法和统计学筛选模型的财务日记账异常检测的解决方案。

人工智能和自动化技术还用于协助用户在多个系统或屏幕之间进行导航，以完成各类业务流程。有些企业部署多个不同解决方案来支持运营，并且需要复杂的系统知识来进行业务流程管理，这类功能在这些企业中可以发挥重要的作用。如上所述，人工智能和自动化技术还可以用于自动化管理复杂例外条件分支或大数据量的业务流程，并帮助客户将数据迁移到特定事件驱动的解决方案中，从而由特定事件触发一系列计算（例如基于价格变化的动态估值）。

客户服务是这些技术能发挥作用的另一个领域。2015 年 8 月，壳牌为其从事润滑油业务的客户推出了一款人工智能助手。壳牌使用它的虚拟形象艾玛（Emma）和伊桑（Ethan），来帮助客户通过自然语言发现产品。壳牌虚拟助手通过公司网站提供的在线聊天平台进行运作。系统可以提供的信息示例包括润滑油的购买地点、可用包装规格范围以及特定产品的技术属性等常规信息。据报道，该公司还将一个名叫阿米莉亚（Amelia）的虚拟助手整合到其业务模式中，以更高效地回应供应商关于发票的查询。壳牌认为人工智能技术在其业务中的应用将向无人化和自动化的方向发展，并且应用比例将显著增加。

中石化制定了一项长期计划——建设10座"智能"工厂，以实现运营成本降低20%的目标。2017年4月，华为和中石化宣布合作设计"智能制造平台"。人工智能是该平台的8个核心功能之一，它将提供一种集中的数据管理方法，并支持用于管理工厂运营的多个应用程序之间的数据集成。人工智能将有助于建立规则和模型，指导如何解释数据，并为改善工厂运营现状提供机会。

人工智能和机器学习，特别是与自动化相结合的技术，正引起市场极大的兴趣并不断吸引投资，我们预计在大宗商品业务的所有领域中的企业将越来越频繁地部署人工智能和机器学习技术。

5.2 机器人流程自动化（RPA）和工作流程自动化

根据Investopedia网站的定义，机器人流程自动化软件指的是一种能够轻松编程的软件，可以模仿人类跨应用程序执行基本任务。软件机器人可以学习具有多个步骤和应用程序的工作流程。RPA软件旨在减轻员工在简单、重复性任务上的负担，具有降低成本和减少错误等优点。尽管RPA在财务结算、调度执行、风险管理等领域引起了很大兴趣，但也通常是作为工作流程自动化工具使用，我们并未看到其在工作流程自动化之外的应用。然而，RPA和工作流程自动化在其他许多行业正在蓬勃发展，根据埃森哲的一项研究，已经有超过43%的消费品行业高管采用工作流程自动化工具来降低成本并提高效率。

任何曾在大宗商品交易组织或业务部门任职过的人都清楚，行业内有许多高度重复和劳动密集的领域可以从自动化和软件机器人中受益。在该领域实现自动化和广泛使用软件机器人的时机已经成熟。

RPA应用首先需要将业务流程数字化。通过定位业务流程中高度重复和劳动密集的领域，可以识别应用RPA的机会。这种机会可能包括在具体的贸易工作台的业务流程中，同时也可以用来实现电脑桌面上应用程序交互操作的自动化，以及其他类似活动。

RPA可以在任何存在重复性人工流程的领域中使用，在大宗商品领域也存在许多这样的机会。尽管如此，ComTech并未发现该行业对RPA的大规模采用，并且由于项目比预期的要少，一些早期有兴趣进入该领域的大部分供应商现在似乎已经退出。尽管如此，RPA在工作流程中作为CTRM和CM等解决方案的一部分已经得到广泛的采用。现在许多CTRM和CM解决方案都配备了可编程和可配置的工作流程和审批功能，并且这已经成为这一类软件的标准功能之一。

作为一款专为能源和大宗商品设计的RPA工具，enFlow由Energy One开发，已经在以下应用场景中使用：

- 自动化太阳能和风力发电场与实货市场的交互。enFlow监测当前和计划的负电价时段，并根据用户配置的业务规则自动向发电厂控制系统发送信号，以减少发电量。
- 天然气执行的优化和自动化。enFlow收集和传播数据，并根据用户定义的业务规则自动执行投资组合的操作和优化。
- ETRM以及能源行业指定系统的交互自动化。通过拖拽界面，enFlow允许以图形方式定义自动化。因此，业务分析师可以迅速准确地实施所需的自动化程式，缩短处理时间，并提高对变化的响应能力。

类似enFlow的工具在能源和大宗商品领域的广泛应用，能够帮助客户实现业务流程的自动化。

以下是RPA在大宗商品领域最常见的应用案例。

结算流程

结算是比较早应用RPA的领域之一。2017年底，Pioneer Solutions宣布与其长期客户埃森特（Essent）合作，在Retail Energy Management Group的结算流程中应用RPA的概念验证（POC）。埃森特是Innogy的子公司，专注于能源转型中的数字化。埃森特的高级财务控制官皮姆·弗林克（Pim Flink）表示："我们使用TRMTracker为Retail Energy Management Group实现了数字化，业务的自动化有助于我们应用RPA，积累该方面的经验，并为埃森特增加附加价值。这是一项开拓性的工作，工作成果也非常有前景，将提高我们的运营卓越性。"该解决方案已经在埃森特的生产环境中实施，用于生成结算报告和计算，不仅节省了大量的人力工作，而且使员工能够从事更具创造性的活动。

实用型应用

RPA通常应用于实用型功能中，如前文所述，RPA可以帮助用户在操作业务流程时导航到多个系统。以下为一些常见的例子：

- 网站抓取。能源和大宗商品公司需要从不同的来源获取价格、天气、各种资产的状态、库存等大量数据。这些数据通常在网站上获取，但定期访问无疑是一项耗时的任务。RPA软件可用于定期抓取这些网站的数据，例如与金融交易相关的网站、期货交易网站、大宗商品交易网站、新闻媒体网站（使用关键词定位特定文章）等，并提取特定信息进行总结，最终将其呈现给相应人员。

- 邮件处理。协助处理客户传入的大量电子邮件是RPA的另一个应用领域。RPA可以对最常见的查询进行分类和导流，向发送者发送接收确认的临时答复。
- 数据传输。RPA可以用于在不同的解决方案之间传输数据。简单来说，RPA能够帮助用户在不同系统之间进行导航以便更高效地完成工作。比如，使用字符识别功能从纸质表格中提取数据。

RPA和其他工作流程类型的工具在传统的后台环境以及核心业务流程中越来越常见，例如：

- 关税调整。
- 客户准入：检查和验证客户信息。
- 其他供应商自动终端的快速计量验收。
- 计量数据和账单数据处理：验证计量数据。
- 订单管理。
- 投诉处理。

在全球疫情导致的居家办公背景下，由于工作流程化和自动化的应用能带来额外的控制，其使用频率被提高。许多CTRM和CM供应商在其解决方案中嵌入了可定义和可定制的工作流程和批准流程，以帮助用户在解决方案内设置业务流程管理功能，确保用户通过解决方案进行一系列业务活动。如今，工作流是CTRM和CM解决方案的关键需求之一。

5.3　区块链

我们几乎每天都能听到有新的区块链计划发布，然而我们很少在市场上看到应用区块链技术的商业化应用。在过去的一年里，围绕区块链的批评意见越来越多，就区块链何时能够在能源和大宗商品领域发挥其潜力，目前还没有定论。尽管如此，市场上仍然不乏新发布的项目、联盟链和概念验证，但许多最终并未真正实现。针对能源和大宗商品的区块链项目也非常多，我们无法在本篇里全部涵盖，因此在下文仅列举一些示例。市场上有一些值得注意的区块链项目，比如Vakt和Comgo。然而，当你对Vakt"挤压水分"时会发现，区块链在解决方案中的作用骤然减弱，仅可被描述为整个解决方案的一小部分，所占比例不到20%。

区块链能够在大宗商品行业应用并且保持吸引力，标准化和联盟链是需要实现的前期条件。

- 业界内已经多次出现关于标准化的尝试，但没有哪一次达到过预期效果，最终都变成标准与扩展和定制之间的妥协。尽管越来越多的人呼吁加强标准化，但事实是，标准化常常会妨碍差异化以及形成潜在竞争优势的过程。因此，标准化通常只是口头上的表态，最终并不会促成真正的标准化。随着行业通过数字化和自动化寻求更高的效率以及更低的成本，具有真正复杂性的业务的竞争和创新仍然是非标准的，但是我们仍然需要标准。
- 有许多行业组织和附属机构，即便是在同一个行业内，也未能以联盟链的形式工作并且获得成功。原因是建立区块链平台需要每个参与方移交一些控制权给"中心机构"。因此，大多数区块链项目也只是联盟链，其中的整体解决方案由参与方共同拥有的实体所拥有。同样，这种模式是否真的能在恶性竞争、高度保密和竞争激烈的行业中发挥作用，还有待观察。

要让区块链项目在商业上成功起步，它们不仅需要提供承诺的业务效率和益处，还需要新的思考与行为方式。这也可能是阻碍真正进步的主要原因之一。区块链还面临的另一个问题就是炒作。过去，只要提到区块链，就足以引发市场炒作，推高上市公司的股价，有些公司正是因为知道这一点，便宣布打算在该领域进行重大投资。这意味着需要仔细筛选各种项目和公告，同时对其中所涉及的炒作保持警惕。不幸的是，任何涉及区块链的应用都可能被当作区块链应用来推销，即使其中涉及区块链的方面只是点缀而已。即使在今天，与这些术语相关的应用也会被媒体大量报道和炒作，因此，在这个市场上，买家需要保持警惕！

正如预期，许多区块链的应用案例场景被大家热议。以下是我们所知的一些应用案例。区块链项目倾向于延伸到众多领域，这些领域往往都彼此重叠，很难对这些应用案例进行分类。

库存

许多项目已经宣布开始使用区块链安全记录大宗商品所有权。例如，迪拜多种商品交易中心（DMCC）宣布计划在海湾地区建立首个由区块链技术支持的贵金属冶炼厂及存储设施。该冶炼厂及存储设施将炼制和储存黄金、白银、铂金、钯金和铑等贵金属，并且通过网络安全交易平台追踪所有经过炼制并最终出口到150多个国家的贵金属的交易过程。

交易、贸易后台和供应链支持

在大宗商品领域，最活跃的项目发起者之一是Vakt联盟。Vakt利用区块链技术帮助管理实货石油交易，取消了对账和纸质流程。该联合体由石油企业和银行（英国石油公司、贡渥集团、荷兰银行、挪威国家石油公司、美国科氏工业集团、荷兰国际集团、壳牌、摩科瑞、雪佛龙、道达尔、印度信实集团、法国兴业银行）组成，致力于开发和部署交易达成后的解决方案。它旨在取消对账和基于纸质材料的流程，提高效率，并创造新的贸易融资机会。最近，该平台已在实货交易的北海BFOET原油业务中投入使用，可以说是世界上第一个进入市场全面运营的企业级区块链平台。Vakt还可以通过与Komgo的联盟向用户提供基于区块链的融资解决方案。

必和必拓公司已经与中国宝山钢铁股份有限公司完成了第一笔使用MineHub平台的试验性交易——价值约为1400万美元的铁矿石区块链交易。该平台具有处理合同条款、交换数字文件等功能，并提供实时的货物追溯管理。Minehub平台旨在提高交易操作的效率，以及采矿和金属供应链中的ESG合规性。

区块链的另一种应用场景是提供多种方式的供应链支持。例如，总部位于新加坡的供应链协同平台Trames最近推出了一款SaaS解决方案，声称能够帮助中小型企业优化供应链操作并提高整体盈利能力。基于区块链的该平台能够协助起草和确认货运文件，进行高级分析以帮助优化决策，以及通过减少实体文书工作来加快运输速度。

Covantis区块链平台的搭建是这些应用场景中的另一个新举措。该平台主要由农业企业组成，旨在实现农产品运输交易的数字化，成立后的2年内就实现了全面投入生产，为交易达成后的流程管理提供服务。最近在该平台上线的企业达30多家，包括美国阿彻丹尼尔斯米德兰公司、邦基、嘉吉、中粮集团、路易达孚和维特拉。Covantis计划在初期覆盖从巴西到全球各地的玉米和大豆等大宗商品运输，并将参与贸易流的承运人、贸易商和租船人连接在一起，取消贸易达成后的基于纸质文件的流程。在这一初始应用之后，Covantis计划引入包括交易确认、合同管理以及装卸时间计算等更多的交易达成后的流程。该公司还表示有意探索除了现有的玉米和大豆以外的其他谷物和油籽等商品市场。

TradeTrip是一个涉及提单、原产地证明、仓单和信用证等文件数字化的区块链计划。该解决方案旨在通过API与客户现有的以商品为重点的应用生态系统合作，提供更大的透明度和信任度，并减少供应链中与单证文件相关的事务，特别是涉及货转输送的文件。该解决方案使用区块链和二维码来识别扫描的文件，并利用基于深度学习的文本识别来帮助将文档数据传输到系统中。

GrainChain是另一家基于区块链的供应链管理公司，旨在提升北美和拉丁美洲商品供应链中生产者和消费者的可追溯性。该合作伙伴关系旨在通过遵守供应链标准，保证供应商和农场主能够保护其品牌声誉，以便与最终消费者建立信任。GrainChain利用Mastercard Provenance解决方案来进行供应链管理，将为各类产品，从咖啡到高粱，提供从农场主或生产者到最终消费者的端到端的、可靠的可追溯性管理。这种可追溯性确保供应链中的每个参与方能够跟踪每个产品并验证其来源，从而创建行业内的信任空间。

嘉吉、Agrocorp、荷兰合作银行和其他物流合作伙伴使用新加坡Dltledgers提供的区块链平台完成了一项价值1200万美元的货物交易协议。Dltledgers的区块链解决方案基于开源的Hyperledger Fabric平台构建。该区块链平台为端到端的数字贸易执行提供了一个可重复的框架，将文件和贸易执行过程数字化。该交易总共只用了5天时间就完成了结算，而传统的交易流程可能需要1个月的时间。该平台创建了一种共享的、不可篡改的交易记录，为所有人提供了一个单一的信息来源。

根据Dltledgers，跨境大宗商品交易是区块链最有前景的领域之一。区块链实现多方实时监控，消除了对数据所有权的担忧，并以数字化、安全和去中心化的方式简化文件交换流程。该解决方案提供了一种在全球疫情限制的情况下也能继续运营的方式。

荷兰合作银行、大宗商品贸易公司Concord Resources、软件开发商Gen10、保险公司AON和仓储公司PGS也组成了一个区块链联盟。2019年11月，该联盟使用区块链执行了一笔实货回购交易。回购交易是一种融资方式，出借人暂时拥有货物，但不对资产享有留置权或收费。原始资产所有者在约定的时间内以稍高的价格回购货物。该联盟旨在通过区块链平台提高金属交易和回购融资的效率、可追溯性与透明度。它实现了金属贸易从交易达成到交付的全过程跟踪，并提供无须人工干预的实时的完成确认。使用手机完成这样一笔交易的时间不到五分钟。

Perlin与新加坡政府和大型企业合作开发了开源的区块链贸易平台——ICC TradeFlow平台。新加坡企业发展局、新加坡资讯通信媒体发展局、国际商会、星展银行和托克集团与交易技术供应商Perlin合作，旨在连接跨境贸易伙伴，简化基于纸质文件的人工贸易流程，提升贸易流动性。该平台在2019年11月完成了非洲与中国之间的价值2000万美元的铁矿石试点贸易。该平台建立在IMDA的TradeTrust网络基础设施上，由Perlin的区块链技术驱动，旨在与现有和未来的数字贸易平台交互操作。

Ricex是由富士通开发的基于区块链的大米交易平台。该平台专注于解决各种大米品系的交易问题，每一种品系都有不同的质量、口感和香味，这些因素共同决定了大米的价格。Ricex利用区块链技术将大米交易数字化，并为进口商、出口商、批发商、生产商、监管机构和其他利益相关者提供透明的生态系统。该平台称可以通过为参与者提供保险、运输信息、检验和自动结算功能来简化交易流程，借助区块链平台实现了可追溯性，使买家能够识别经过认证的符合可持续发展要求的大米。

即使是传统的CTRM软件也被视为区块链的候选对象。EnHelix®是一款在市场上以具备嵌入式人工智能和区块链功能推广的石油及天然气商品贸易和风险管理软件，该软件公司最近宣布推出面向大宗商品贸易公司的Marketplace Blockchain软件。该公司声称其软件是先进的区块链解决方案，能够帮助贸易公司建立标准化和自动化实货交易系统，能够减少欺诈和运营风险，加快支付进程，能够通过分布式区块链应用程序实现自动交易执行，从而减少交易差异并与现有ETRM系统集成。

另一个被热捧的非常适合应用区块链的交易领域是电力和天然气交易的零售端。分布式发电和可以独立运行的小型本地电网是区块链提供点对点（Peer-to-Peer，P2P）在线能源交易平台的理想领域。在这个领域存在着多种计划，其中之一是由 Transactive Grid 推动的点对点交易平台，使布鲁克林微电网的成员可以购买和出售来自住宅光伏太阳能装置的电力。除此之外，还有德国的 GridX 和澳大利亚的分散式能源交易所（Decentralized Energy Exchange）等其他的许多应用案例，可以说明这个领域非常适合应用区块链。

TradeCloud 是由瑞士几位前商品交易员发起的一个计划。最初的焦点是为金属商业用户提供通信平台，基于其成功的发展，还为煤炭、石油、精炼产品等能源商品提供了类似的平台。他们还发布了利用区块链技术的贸易达成后的处理组件，并计划与其他第三方服务商建立连接并开发 API，从而与商业 CTRM 软件进行连接。

在贸易谈判中，区块链解决方案使用一些配置，例如工作流应用，来进行适当的沟通，或利用其他配置来定义合同条款和条件。用户可以设置销售和采购提议，并根据意愿广泛或有限地共享这些提议，而其他人也可以探索他们可能感兴趣的交易方式。一旦交易双方向前推进，每一步都会被记录和采集，无论是合同还是交易变化，是通过对话还是校订的方式进行，所有这些都会以突出显示已更改的内容和需要完成的任务的方式呈现。一旦提议被接受，就会产生一个具有法律约束力的合同。区块链解决方案还以类似的方式涵盖了 KYC（Know Your Customer，"了解你的客户"）流程，使各方可以井井有序且安全地交换文件和完成全部流程，该过程结束时客户可以得到一份完整的审计跟踪文档。

交易达成后需要进行简单的权限设置和配置。将交易导入系统，系统会显示每个人和组织在完成交易之后需要做的工作。在系统里可以对合同进行修订，各方（如保险公司、仓库、物流公司、银行等）会收到事件通知，所有的过程都会自动归档，所有的内容都将被记录以确保安全性和可靠性。最终，高度复杂且常常需要手动操作的步骤都得以数字化。

采购溯源

可信采购区块链网络（Responsible Sourcing Blockchain Network，RSBN）是覆盖从矿山到市场全流程，支持可信采购和实际生产的网络。一些矿业和金属生产商加入了该平台，通过参与环形价值链近乎实时地追踪商品流动过程，并替代烦琐的文书工作。RSBN平台在IBM区块链技术上建立，由Linux基金会的Hyperledger Fabric提供支持，旨在通过提供高度安全且不可更改的记录，提高矿产供应链的透明度，这些记录可以与网络中的特定成员共享。RSBN为汽车、电子、航空航天和国防等行业的原始设备制造商（Original Equipment Manufacturers，OEM）以及矿业公司和电池制造商等供应链合作伙伴而设计。

Atomyze LLC是一家全球金融科技平台在美国的分支机构，他们声称可以通过区块链技术，实现产品、资产和大宗商品的交易体验的数字化和现代化，使投资者能够直接而安全地投资于实际的基础商品。Atomyze LLC利用区块链技术提供了新的市场，投资者可以购买包括大宗商品在内的任何类型的数字化资产，发行人可以在区块链上交易其资产，同时该市场会为发行人和商业用户提供供应链合同管理服务。

贸易融资

Komgo是专门针对大宗商品的区块链贸易融资平台，荷兰合作银行是该平台的成员，荷兰国际集团和荷兰银行，以及其他几家国际金融机构也是该平台的成员。迄今为止，该项目的重点一直放在石油和天然气领域。据称，该平台提供了一系列解决方案，促进参与方之间的贸易融资并提高交易速度。根据Komgo，区块链技术允许利益相关者实时控制交易，并提供更高的交易透明度。目前该公司提供两种产品：

- 数字信用证，允许大宗商品贸易参与者向银行提交数字化的贸易数据和文件。
- KYC解决方案，在"须知"基础上标准化和促进KYC流程，无需通过中央数据库实现文档的交换。

Dltledgers还推出了SmartFin平台，为中小型企业提供从其他金融机构获得贸易融资的机会。SmartFin基于区块链技术匹配寻求融资的中小型企业与能够提供资金的融资方。根据Dltledgers，已有超过400家公司在其平台注册，目前可以从TradeFlow、Drip Capital、Funding Societies、Crowd-Genie、Stenn International和Capital Match等少数非银行金融机构获得融资。

单证管理

TradeTrip是关于单证数字化的区块链项目，目前包含提单、原产地证明、仓库收据和信用证等文档，而在未来将新增更多类型的单证。

TradeTrip解决方案通过API与客户现有的以商品为中心的应用生态系统进行集成，在供应链中提供更高透明度、信任和更少的交易相关单证，尤其是涉及货权转移的单证。该解决方案使用区块链和二维码来识别扫描的单证，并使用基于深度学习的文本识别技术将单证数据传输到系统中。目前，该解决方案已在新加坡的一家公司进行试点，是新加坡几个加快推进的区块链项目之一。根据TradeTrip，该解决方案将不仅在单证方面，而且在跟踪货物和使用智能合约方面推进发展，促进基于事件的业务活动，例如在收到货物时自动进行支付等。

区块链能否进行突破？

围绕区块链的项目不胜枚举，几乎每周都会宣布新的项目。尽管此类活跃水平已经持续了三四年，但在更广泛的大宗商品市场中，我们仍然很少看到区块链真正被应用。实际上，对于那些从未真正实现的项目以及区块链技术的不满远远超过对成功应用的夸赞。最近的一份由第三方机构对过去4年宣布的涉及大型公司的33个区块链项目的回顾显示，其中至少有十几个项目尚未通过测试阶段，这些项目主要涉及银行、交易所和科技公司，而那些已经通过了测试阶段的项目也尚未得到广泛使用。2019年，致力于通过技术应用和标准化来优化大宗商品交易流程的GCTA公司创始人劳伦·曼宁（Lauren Manning）表示，距离区块链真正为大宗商品服务至少还需要10年。正如上面所述，尽管有这么多项目，但很少有商业应用被广泛推广。

即使只是作为辅助工具，区块链也可能会在结算和清算等某些应用领域被更进一步采用。然而，为了实现这一目标，交易速度和电力条件必须继续改善。此外，区块链需要摆脱炒作，成为拥有真正成功的商业案例的、优于甚至可以替代其他技术的技术，提供稳定的、可获得的功能。在我们看来，实现区块链的广泛使用仍然需要很长时间。

5.4 虚拟现实和增强现实

尽管在我们的调查中，市场对虚拟现实和增强现实等技术缺乏兴趣，但其潜力不容忽视。例如，花旗银行早在2019年初就发布了增强现实交易应用的概念验证。花旗银行与一家虚拟现实设计公司合作开发该应用，并在YouTube上发布了演示视频，其中花旗交易员"杰森"（Jason）使用微软的HoloLens头戴设备在传统的2D显示屏上查看新闻。该应用具备语音指令和其他交易员的全息影像。据花旗银行2016年10月的报告，"交易员不再受限于交易台，可以在增强现实空间中投射出占据整个房间大小的图表和地图，实现更直观的输入和信息分析"。在该报告中，花旗银行预测，虚拟现实和增强现实技术将在各种应用领域得到广泛使用，虚拟现实和增强现实设备、内容和服务市场规模将从2020年的800亿美元增长至2025年的5690亿美元。

各大银行可能继续推进这一类技术。与上一代相比，在工作队伍中占比越来越重的千禧一代对此也更容易接受。尽管虚拟现实和增强现实技术被交易所采用还需要一段时间，但也已经出现了许多潜在的应用案例。

虚拟桌面

交易员通常喜欢使用多个屏幕和设备，能够将它们放置在虚拟现实办公室中并获得更多的空间对他们可能会有一定的吸引力。早在2017年，FlexTrade就使用微软的HoloLens头戴设备演示了一款用于外汇交易的增强现实应用——FlexAR。在演示中，交易员利用其EMS软件中现有的技术和应用程序接口，通过FlexAR应用在虚拟空间中提供交互式订单簿、交易单和图表。由于是与外界隔开的虚拟现实场景，起初使用该应用比较困难，但是利用增强现实技术以后，整体使用效果有了提升。交易员可以使用手势或关键词与虚拟对象进行交互。

人工智能可以与虚拟现实和增强现实相结合，添加语境相关信息和图像识别功能。实际上，这项技术还需要一些时间才能成熟，但它可能会在以下几个领域发挥作用：

- 数据可视化。在数据类型和数量不断增加的情况下，如何对数据进行可视化是一个持续被大家热议的话题，虚拟现实和增强现实有可能使大量数据的可视化和处理变得更加容易和快速。例如，Salesforce 目前使用 Oculus Rift 创建了一个沉浸式 3D 环境来分析数据，Fidelity Investments 公司旗下的 Fidelity 实验室也利用了 Oculus Rift 背后的技术优势。

- 交易。正如上面所讨论的，尽管这可能还需要一些时间，但是更好地组合大量的屏幕和数据，并与全息影像进行业务交流可能是这项技术能够蓬勃发展的前景之一。这种发展很有可能在金融和股票市场出现，但在实货商品市场上可能不会很明显。

- 培训与教育。虚拟现实和增强现实在培训与教育领域的用途是最明显的。虚拟现实和增强现实技术可以在航空业用于飞行员培训，在油田服务公司用于在其他行业中难度高的、昂贵的以及存在 HSE（健康、安全与环境）风险的大型工业设备的培训上。尽管如此，在大宗商品交易的环境中尚未发现任何高价值的虚拟现实和增强现实培训用例。

5.5　对 CTRM 软件和 CM 软件的影响

与大宗商品相关的行业在方方面面都经历着迅速的变化。事实上，这种变化的程度可谓是前所未有的，行业的技术侧在受到这些变化推动的同时，也反过来推动了许多变革。最终整个行业朝着强调优化、高效、更好的控制和更加一体化的供应链方向发展。而这一切都影响着 CTRM 软件和 CM 软件。

作为分析师，我们一直在关注从大型单体和孤岛式应用向通过 API 串联起来的更加灵活和集中的应用生态系统的转变。随着云部署的流行，这些应用至少可以被部分部署在提供可控扩展性、高性能和良好安全性的云基础设施上。其中，微服务也开始频繁地被使用。

数字化也有助于简化困扰该行业的人工重复流程，并且越来越多地部署工作流、机器人流程自动化、人工智能和机器学习来确保流程的遵循、操作控制的改善和更多流程的优化。我们还注意到市场上出现由事件驱动计算和流程的趋势，以及另一种趋势——在识别需要人工干预的例外情况的同时，能保证不影响其余部分的自动化。

另一个重要领域是用户体验和可视化。虽然距离实现虚拟现实和增强现实可能仍有一段距离，但查看和分析数据的创新方式正日益成为现代CTRM和CM解决方案的关键属性。我们也将看到更多已经改进的与软件互动的方式，比如由人工智能支持的语音命令等。人工智能和工作流可以为用户在多个屏幕和应用程序之间的任务及活动提供导航。记录归档作为大宗商品交易和运输的一个关键部分，其进展也正在被部署。

区块链解决方案最初可能被用作货转输送记录、智能合约和结算方面的辅助工具，其中可靠性和客户信任是关键。当然，区块链并非大家吹捧的万能解决方案，它将被应用于那些有助于它产生适当的成本与收益，且没有其他更优的可用技术的功能和领域。

显而易见，CTRM和CM软件的未来是从架构到用户体验的创新和改进。这无疑给缺乏资金的小型细分市场供应商以及拥有过时和大型安装基础（必须通过软件迭代进行管理、指引和推进）的大型传统供应商带来挑战。新兴供应商无疑将在技术上拥有一定的优势，但可能缺乏功能深度、财务安全性和品牌认可度。如果CTRM和CM软件行业的未来真的在于解决方案的生态系统，也许在由用户构想的最佳解决方案的生态系统中，各类供应商都有机会找到自己的位置。

·6·

实货商品及其复杂性

在CTRM解决方案中，或许最不为重视的方面是掌握、评估和管理市场中各种具体的实货商品及其相关的复杂供应链。由于不同的物理特性会影响价值，不同的运输方式和储存方式通常会随着地理位置的变化而变化。实货商品给CTRM解决方案的供应商和用户都带来了挑战，他们必须对其独特的资产和商品组合进行建模，以匹配现有的CTRM功能，或开发定制附加功能，以应对供应商软件没有充分解决的市场、资产或流程问题。

当从CTRM的角度来看待实货商品市场时，我们需要采用多维度视角，包括被管理的具体商品、所涵盖的区域或市场，以及使用CTRM系统的业务主体类型。

从商品的角度来看，能源被视为一个广泛的类别，包括天然气、电力、石油、石油产品、天然气凝液、液化天然气、煤炭和一些排放产品，这也是该领域软件市场横向演变发展的方向。早期的能源交易与风险管理应用软件供应商通常从处理这些商品中的一种开始，大多是天然气（受由1992年FERC第636号令开启的美国天然气市场自由化的驱动），然后通过将其覆盖范围扩大到其他商品来寻求更多的市场。由于他们的许多客户交易多种能源商品，这些供应商获得了在这些客户的项目中茁壮成长的机会。

另一个广泛的商品分组包括农产品和软商品。这个类别涵盖所有农业生产的商品（尤其是谷物和油籽）和软商品，如棉花、蛋白质、乳制品等。覆盖这些市场的供应商通常倾向于专注于其中一种或多种特定商品，尽管有些供应商，如Gen10和Agiboo，已经扩大了他们的覆盖范围，并取得了一些成功。

金属，包括矿石、精矿、贵金属和成品金属坯料，是从CTRM的角度对实货商品市场分类的最后一个大类别。虽然这些金属类别中的许多商品的市场看起来并不复杂，因为有成惯例的交易合约来规范交易，并且通常通过大宗散货运输，但金属带来了其他商品很少具有的独特且复杂的定价方式，这给CTRM解决方案带来了挑战。

6.1　能源大宗商品

在全球层面，能源大宗商品的实货交易管理通常被认为是最难的。天然气和电力市场的区域性意味着每个地区或国家在管理、经营、运输和核算这些市场内的交易时都会有独特的流程要求。

在美国，有超过90条州际管道正在运营，总长度超过20万英里①，还包括压缩站和枢纽等相关设施。每条管道都有成百上千个接收、交付和联通点。使用这些管道输送天然气的天然气生产商、贸易商和营销商持有多种合同类型，每种合同类型都有不同的服务标准、商品价格以及接收和交付选择权。由于这些系统受FERC监管，它们的执行程序大致是相似的。但是，每个系统也有独特的调度要求（包括数据字段），跨多个管道的业务管理将需要一个CTRM系统（有时称为能源交易与风险管理系统，即ETRM系统），可以采集各种类型的输送协议（包括确定级、高优先级确定级、次优先级确定级、可中断的次要级等）、燃料和费率表、联通点、接收与交付点等。

尽管许多大型的传统ETRM可以采集和管理天然气管道的调度活动信息，但事实上，大多数公司并不依赖其ETRM解决方案来建模和优化交易日的调度活动。鉴于每日天然气管道调度截止时间（包括提前一天，日前晚间，以及日内第一、二、三个时间段）的严谨性和重叠特性，以

---

①　1英里≈1.609千米。——译者注

及在提交指派之前全面建模和审查交易的困难程度，大多数天然气调度人员依赖电子表格来计算上午和下午的指派周期。只有在通过预设格式的电子表格或管道公告板提交每日指派后，他们才会在ETRM系统中对交易进行建模，以确保对其交易、运输和成本进行正确核算。

美国州内管道系统虽然里程较少，但相关业务的开展可能会更复杂，因为这些系统的运营商可以自行制定业务规则和数据要求。在井口收采气体的天然气收采系统也有自己的操作规则。尽管这些规则可能不如州际市场的规则严格，但它们仍然具有特定的，有时甚至是独特的流程来安排其管道的天然气调度。尽管大多数ETRM系统能够对这些州内运输过程进行建模，但很少有系统通过专门设计来满足这些管道的调度要求。因此，在这些管道上开展业务总是需要使用电子表格和进行事后跟踪。

天然气地方性配气公司面临着一系列独特挑战。向城市工业、商业或住宅客户销售零售天然气的市场营销商比批发商或贸易商需要更多的ETRM功能。这些功能包括对单个零售计量表级别的预测需求的捕捉以及复杂的发票计算和结算处理，这些功能通常在传统的ETRM解决方案中是没有的。但是，有些软件供应商，例如nGenue，一直专注于这些细分市场，并且其产品已成功销售多年。

除了单纯地输送天然气外，这些不同的管道系统通常还有相关的天然气处理厂用于处理气体天然气，以确保其质量符合管道运输规范质量，并提取天然气液。与这些设施签订合同的生产商和贸易商将需要通过ETRM系统功能来管理各种潜在的成本或收入，例如加工处理费、工厂容量减少导致的成本和天然气液产品的收入。

北美实货电力市场由区域输电组织（RTO）、独立系统运营商（ISO）和其他不属于这两者的输电运营商组成，具有独特的市场特征和运营标准，这些特征根据公司交易的具体地点而有所不同。虽然RTO最初的发展目的是确保整个北美的发电和输电基础设施的高效可靠运行，但在大多数情况下（并且为了符合FERC在2000年制定的法规要求），RTO逐渐发展为提供电力市场管理的机构，包括对实时电力、日前电力、辅助服务、输电权、发电容量和相关金融产品的管理。尽管 RTO成员正在不断发展以提供类似的服务，但它们各自在运营标准上仍然是独特的。对于RTO职责范围以外的没有集中管理的市场，其中的参与者必须依赖透明度较低的双边市场。即使在7个活跃的RTO（加州ISO、西南电力池、德州ERCOT、中西部独立系统运营商MISO、美东PJM、纽约ISO和新英格兰RTO）中，各种集中管理的电力市场的特征也各不相同。由于每个RTO都是从在特定地区运营的一个或多个ISO演变而来的，它们的运营反映了该地区资产的独特物理特征，并在某种程度上反映了该地区业务流程的演变性质，特别是考虑到正在进行的能源转型。这些地区差异意味着对于跨RTO和非RTO市场交易的公司来说，不仅不同市场运营要求不同，商业机会也会不同。随着可变的、不可调度的可再生资源（特别是风能、太阳能和电池能）的不断涌入，这些区域市场正越来越向高度细分的5分钟调度市场发展，以确保在云层遮蔽或风力减弱造成发电减产时，系统依然具有较高可靠性。

鉴于北美电力市场自成立以来几乎一直处于持续变化之中，大多数较大的传统供应商，特别是那些来自天然气市场的供应商，都没有解决电力市场的运营问题。OATI、PCI、MCG、Adapt2、PowerSettlements、Hartigen等供应商反而更专注于这些市场，并为日内和日前的电力调度、追踪标识、出价和报价以及结算提供必要的接口。尽管这些公司也具备一定的管理天然气的能力，特别是作为燃料的天然气，但它们通常缺乏像ION的OpenLink Financial或Allegro Development Corporation产品以及Enuit的Entrade等解决方案所具备的管理天然气业务的功能深度。许多以电力为中心的系统（有时称为"竞价至结算"直通解决方案）通常缺乏风险管理，因此，交易多种能源商品的贸易公司通常会部署多种解决方案，通过前文提到的"竞价至结算"供应商，与传统CTRM/ETRM解决方案打通接口以进行头寸管理、投资组合估值和会计核算。

其他自由化的全球天然气和电力市场的ETRM系统与美国市场具有相似的运营理念，但资产和商业流程的组合使其具有足够的独特性，因此不可能简单地借用为美国市场设计的开箱即用的CTRM系统。尽管一些美国供应商在欧洲和亚太市场为天然气和电力市场提供解决方案方面取得了一些有限的成功，但事实证明，试图适应这些系统的复杂性是困难的，因此催生了数十家专注于特定国家或地区市场的公司。

同样由于地区或国家之间的差异，欧洲天然气和电力市场的复杂程度通常与北美市场相似。然而，由于这些市场的成熟度不同并且尚未完全协调一致，它们的发展速度不同，并且在不同地区继续保持着当地独特的需求。在北欧电力市场（Nord Pool）和英国及其他西欧国家等成熟的市场中，出现了特定的本地解决方案（例如在北欧电力市场中的Navita和Elvis公司，也就是如今的Brady；英国的Contigo公司和早些时候的KWI公司；意大利的Sinergetica和Phinergy公司，以及许多其他为德语市场提供服务的公司）。这些本地解决方案与ION、FIS等专注于更广泛市场的供应商展开竞争。即使在新兴市场，情况也是类似的，因此罗马尼亚、捷克、斯洛伐克、匈牙利和其他市场也有自己的本地供应商和解决方案（见上文）。随着云技术的出现，这种本地和国际供应商的组合在欧洲继续存在，例如法国的DsFlow公司和瑞士的Previse Systems公司等供应商在欧洲强势崛起。

当然，几年前，欧洲电力市场出现了日内交易工具，这也导致了CTRM衍生出了用于这些市场算法交易的新子类。事实上，如今电力和天然气市场都普遍采用算法和自动化交易，尤其是电力市场的活动大多是日内或日前交易。这种颗粒度的交易受益于自动化，但它对数据访问、风险管理和调度方面的速度也有要求。这意味着欧洲市场在数据管理、价格汇总、CTRM、自动化交易和调度方面进行了相当多的创新，并涌现出一批新的本地供应商。其中一些现在已经被更大的实体收购，例如，Energy One收购了eZ-nergy和EGGSISS，以及Trayport收购了Visotech。

由于能源转型和欧盟的推动，创新也在发生，可预见的是在电池优化、配电侧交易、调度和虚拟发电厂等领域将有更多的创新。这些领域也会由Powel、Brady和Energy One等现有供应商以及DsFlow、Previse Systems和Pexapark等新企业提出新的软件解决方案。

一些美国供应商在与美国有着类似市场理念的澳大利亚市场取得了一些成功。例如，自1998年澳大利亚电力市场首次开放竞争以来，Allegro Development Corporation就开始在该地区销售解决方案。然而，Energy One等本地公司已经占据了大部分市场份额。

从全球范围来看，石油市场通常被认为与其他大宗商品市场相比更为简单，因为自20世纪初以来，围绕船载运输的供应链和流程已经建立起来。然而，全球原油市场的规模（全球每天消耗原油约9000万桶）和范围可能会给没有为全球贸易设计和部署软件经验的软件供应商带来挑战。

生产商市场将更加复杂，因为原油销售涉及对各种过程、交易、质量特征（即比重、沉淀与水含量和硫含量）以及包括集输系统、卡车、码头和州际管道在内的各种运输方式和组成部分进行追踪和评估。能够采集和管理井口销售的系统必须考虑第一购买方凭证——通常是纸质文件，但是现在越来越多以电子记录形式保存和处理第一购买方购买原油的数量和质量信息。尽管目前可用的一些ETRM系统可以满足这些特定要求，但这些功能通常被视为超出标准的ETRM功能的范畴。

在美国，有超过19万英里的液体石油管道由数十家公司运营，它们负责将原油、成品油和天然气液输送到全国各地。这些管道将石油和天然气液产区与炼厂和化工厂相连接，将成品油从炼厂输送到码头，以分销给批发商，或通过出口设施销往全球市场。虽然液体管道运输的概念与天然气运输类似，但液体是以预定批次运输的（用集中式液体计量设施或管道终端的储罐收集）。相对于天然气可以在同一天内运输到目的地，液体的运输时间跨度要长得多。尽管如此，对于ETRM系统的用户来说，模拟这些运输过程以及处理与液体管道的接口仍然面临挑战。事实上，只有少数供应商提供的系统能够广泛解决液体实货交易和管道运输的复杂性，包括ION的RightAngle、Amphora的Symphony和Enuit的Entrade等产品。

与其他能源大宗商品相比，全球石油贸易在范围和规模上独具特色。原油和燃料的船舶运输服务几乎覆盖全球市场，灵活的贸易路线使贸易商能够不断寻找实货套利机会。鉴于油轮运输覆盖范围十分广阔，Veson等航运应用程序已成为该市场使用的标准工具之一。为全球石油贸易提供服务的ETRM解决方案几乎总是需要与这些系统和其他系统集成，以管理合同、估值和结算流程。此外，由于全球原油贸易大部分以美元计价，货币汇率在现货和远期市场的价格形成中起着关键作用，不论是实货商品还是其衍生的金融工具，汇率管理都是服务于该市场的系统的另一个关键需求。

近年来，液化天然气市场对于CTRM/ETRM供应商来说一直是一个快速增长的市场，这在很大程度上受到了美国液化天然气市场和出口设施的发展的推动。美国液化天然气出口能力的大幅增长，以及欧洲和亚太地区市场进口、再气化产能的相应增长，使CTRM/ETRM供应商得到了液化天然气设施开发商、贸易商和公用事业公司的资助，这些资助方正在寻求新的可靠天然气供应。液化天然气生产设施是很复杂的，有多个天然气液化装置（每个装置可能属于不同的股东）和相关设施。该运营链需要一个复杂的软件网络来负责工厂运营、气体处理、气体供应、电力购买以及地下储气和港口管理等辅助运营。

CTRM/ETRM 系统是这些操作的关键，尽管用户的需求因角色而异。工厂运营商或承包商（租用生产能力的企业）需要购买天然气原料，并且需要 ETRM 解决方案来管理工厂入口或上游的天然气采购，这需要天然气运输协议管理、调度和结算能力。工厂运营商可能需要（根据商业协议约定，承包商可能也需要）额外的系统功能来管理地下储气库容量，以确保不间断的天然气流动、天然气液提取和销售以及电力采购等功能。自行生产和管理产量的工厂运营商、承包商和液化天然气贸易商（负责出口或海上采购和销售货物的运营商）还需要额外的能力来管理船舶物流和航运操作，以跟踪成本，包括燃料和蒸发损耗、港口费、滞期费等。这些功能在大多数供应商提供的 CTRM 和 ETRM 系统中通常不可用，需要与专门的液化天然气航运解决方案集成并开发定制解决方案或使用电子表格。尽管如此，在过去几年中，几家 CTRM 和 ETRM 供应商已成功销售了新系统，以满足液化天然气生产商、承包商、贸易商和进口设施运营商的需求，包括 ION 的 OpenLink Financial 和 Enuit 的 Entrade 解决方案。

6.2　聚焦农产品和软商品

不同于通过开采或提取得来的硬商品，农产品和软商品是指通过种植和饲养得来的商品，也可以被定义为除能源、金属或矿石商品以外的任何商品。本质上，它们是最古老的贸易商品之一，其中包括羊毛、粮食、食用油、动物和肉类产品、乳制品、木材、香料和豆类。近年来可能新增生物燃料（尽管我们倾向于将其纳入能源类别）。

CTRM 解决方案一直以来都专注于支持批发交易活动，即在成熟的市场上购买和销售实货以及金融形式的产品，这些产品可以在场外（OTC）、交易所或经纪商处交易。许多农产品和软商品都具备这两种交易形式，但也有许多没有以金融衍生形式上市的农产品和软商品，它们只在实货端交易。随着时间的推移，市场整体的趋势是通过创建金融产品来支持更多农产品和软商品的价格发现和实现套期保值，我们期望这种趋势继续下去。然而，市场的性质及其演变使情况变得相当复杂，许多农产品和软商品本质上是被采购和销售的，而不是被"交易"的。

这些商品是通过种植或饲养得来的这一事实给市场增加了新的动态变化因素。每种商品独特的供应链和质量标准显著增加了实货业务的复杂程度。这些生产和销售了数百年的商品在行业内沉淀了一些有趣而独特的做法。此外，还存在众多且广泛的市场参与者群体，虽然他们不一定"交易"这些商品，但肯定是在销售或采购它们。正是因为这一点，这一市场的管理被称为"大宗商品管理"，促成了传统 ERP 软件和传统 CTRM 软件之间的重叠。

在过去的几年中，CTRM 软件已进一步扩展到供应链领域。大宗商品批发价格的波动，以及将成本转嫁给成品消费者的困难，使商业和工业领域的一系列企业的利润空间受到压迫。这些企业在供应链中削减成本并提高效率，在某些情况下，受益于大宗商品管理的方法，他们彻底改革了采购和计划功能的管理方式。大宗商品管理方法意味着更多地以交易员的方式来管理价格敞口、跟踪价格走势、利用对冲和其他风险缓释工具，并用盯市方式评估业绩，而不是用成本预算或预测方式。这也促使 CTRM 软件平台将功能扩展到供应链优化和大宗商品管理的某些方面。

大宗商品管理的应用领域在某些方面比 CTRM 要广泛得多，至少目前看来，它满足了一大批实际上并不是真正"交易"，而是采购、加工或销售商品的大宗商品企业的需求。然而，大宗商品管理需要处理商品所涉及的全过程，包括交易和风险管理。CTRM 软件基本上就变成了大宗商品管理软件的子类。

从历史来看，大宗商品管理发端于涉足大宗商品的企业在供应商关系管理和采购管理方面的一套业务流程，这些企业基本上都有经营原材料、生产成品的业务背景，因此，大宗商品管理自然地被视为是ERP的延伸。大宗商品管理包括管理供应商关系、库存、运输与供应链、会计、采购、加工等。随着大宗商品和原材料价格波动加剧，以及对大宗商品市场监管的加强，许多制造商和商业包装产品公司逐渐开始研究价格风险管理的套期保值策略。然而，ERP解决方案通常不包括这些可以提供竞争力和战略优势的功能。与此同时，CTRM软件确实能提供风险管理和衍生品交易功能，通常与用户现有的ERP解决方案集成，从而为用户提供所需的附加功能。同时，银行、基金和贸易商交易的农产品、软商品及其他相关商品越来越多，产生了日益发展的聚焦农产品和软商品的CTRM解决方案市场。

生产商一直以来对支持其销售、储存等业务活动的软件存在需求。市场上也涌现了一系列有关种子管理、库存管理等专门的解决方案，支持不同类型的生产者的业务。同时根据业务性质和规模，生产者也采购了从真正的CTRM解决方案到对ERP解决方案进行扩展的大宗商品管理软件，以及介于两者之间的其他软件。

从另一个角度看农产品和软商品领域，我们需要看到存在的两个市场。第一个是交易所有可用衍生品（正式挂牌交易）的大宗商品市场，第二个是没有在任何交易所挂牌交易衍生品的大宗商品市场。近年来，市场在向为更多的大宗商品品种创造衍生品的方向发展，以提高价格发现和风险管理的能力。过去几年里，随着对市场的兴趣和交易量的增长，市场上，特别是在亚太地区的市场上，已经出现了众多新的衍生品。

大宗商品与供应链

农产品和软商品的范围非常广泛，并且每一种商品之间都存在较大的差异。我们无法在本书中涵盖所有商品品种。因此，我们选择重点讲述以下几点内容。

- 复杂的农产品：棉花、可可、糖、咖啡等

    复杂的农产品是指具有独特物理特性的作物，鉴于这些特性，此类农产品比干谷物和豆类更需要专业的处理、分级或加工。例如，棉花、可可、糖、咖啡等，每一种商品都有其独特的物理特性和供应链特性。因此，每一种商品都需要系统在定价、货转交付、船运、供应、追溯、风险管理等诸多方面提供深入的特定功能。

- 谷物、豆类和种子：小麦、大麦、玉米等

    诸如谷物、豆类和种子等干散农产品，在全球范围内被广泛地交易。这些商品用于生产供人消费的食品、动物饲料和食用油（最近还用于发动机燃料的生产），是如今市场上交易的最重要的商品，它们的生产、运输、分销、储存和转化有一套成熟的工业流程。

    从对专注谷物、豆类和种子的 CTRM 系统的需求角度来讲，随着在该领域的农场、粮仓运营者、贸易商等子行业市场实体的不断整合，其越来越庞大的市场参与者群体倾向于利用传统的 CTRM 功能来应对他们日益复杂的业务。服务于该市场的解决方案通常都提供有关交易采集、库存管理和估值、风险管理（包括套期保值）等的关键功能。其中一些实体，如粮仓运营者，他们根据自身的业务性质也会有额外的独特需求。

- 其他较不常见的商品

    市场上交易的其他商品包括草药、香料、蔬菜，以及其他食品、食品添加剂和植物基产品等。其中许多商品仅仅在实货市场进行交易，缺乏金融工具和足够的市场占有量来帮助其对冲风险敞口或管理风险。同样，这一分类下的每一种商品都有其特定的供应链特性、物理属性和加工需求。

针对农产品和软商品的CTRM

由于农产品和软商品中的每一种商品都有其特定的需求，许多CTRM解决方案起初都专注于某一特定商品或地区。随着时间的推移，这些解决方案也增加了对其他类似商品的支持，这意味着这些解决方案可以适应不同的商品品种或跨越多种商品品种。2016年我们对CTRM市场的几家不同的解决方案供应商展开研究。虽然信息有些过时，但是我们有必要在这里回顾2016年我们了解到的覆盖范围。自2016年以来，市场发生了翻天覆地的变化，例如Agrosirius和Tradepaq等企业已经退出CTRM市场，Aspect Enterprise、Allegro Development Corporation、OpenLink Financial和TriplePoint现在都归ION所有，Scalable等企业被其他企业收购，还有一些企业进行了重组，比如Cadran已经将其产品重新命名为Arantys，市场上出现了CommoTrack、Fendahl等新兴供应商。每一个供应商都有特定的商品覆盖范围，以及对某一特定商品及其供应链提供服务的优势。

我们还看到了由SAP领导的CTRM与ERP的超集大宗商品管理软件的出现，像Cadran、Cultura、Gen10和Enuit等供应商，在专注于大宗商品管理的同时提供集CTRM功能与ERP功能于一体的整体解决方案。这种方法的成功也导致许多CTRM供应商在他们的解决方案中添加类似ERP的功能。目前在市场上针对农产品和软商品的现代化SaaS云原生解决方案很少。从本质上讲，市场上存在空白就意味着像Agiboo、CommoTrack、Eka和SAP这样的供应商在这方面可能具有一定的优势。

供应商	覆盖品种											
	棉花	咖啡	可可	糖	谷物及种子	食用油	乳制品	牲畜	橡胶	化肥	未挂牌品种	叠加风险
Agiboo												
Agrosirius												
Allegro Development Corporation												
Aspect Enterprise												
Brady												
Cadran												
CMS												
Commodities Engineering												
Cultura												
Dycotrade												
Eka												
Eximware												
Gen10												
Grainworx												
Hivedome												
InstaNext												
Invensoft												
iRely												
Kynetix												
Logaviv												
Murex												
OpenLink Financial												
PCR												
Progressive Software												
Qbil												
Quantrisk												
SAP												
Scalable												
Talman Solutions												羊毛
Three Rivers Cotton System												
Tradepaq												
Tradesparent												
TriplePoint												
Vanguard												

■ 该品种被称为该供应商的关键优势　　□ ComTech评估该供应商拥有覆盖该品种的功能

■ 该供应商对于该品种存在已知的客户实施案例　　□ 不确定，但是该供应商覆盖该品种的可能性不大

图6.1　供应商支持品种的覆盖范围

术语和软件类别

随着大宗商品和原材料价格越来越不稳定，以及对大宗商品市场的监管加强，许多制造商和商业包装产品公司逐渐开始研究价格风险管理的套期保值策略。然而，ERP解决方案通常不包括这些可以提供竞争力和战略优势的功能。CTRM软件提供风险管理和衍生品交易功能，通常与用户现有的ERP解决方案集成，从而为用户提供所需的附加功能。同时，银行、基金和贸易商交易的农产品、软商品及相关商品越来越多，创造了日益发展的以农产品和软商品为重点的CTRM解决方案市场。

然而，软件类别的命名存在两个问题。首先，许多大宗商品，尤其是未在期货交易所挂牌的如羊毛、茶叶和香料等商品的生产者、加工商和买家，通常不了解CTRM这一软件类别。这些公司常常使用"大宗商品的ERP""大宗商品的CRM"等不同的词汇来描述CTRM，他们甚至可能不知道"大宗商品管理"这个术语。其次，简单来说，没有任何标准可以用来区分"大宗商品的ERP"、"CTRM"和"大宗商品管理"之间的区别。

如果进行精确的、近乎百科全书式的审查，我们也许能够准确地定义上述每一种软件类别。然而，这种定义不太可能被广泛采用。因为，这些软件类别在不断演变，比如内置了大量实货供应链功能的CTRM解决方案逐渐与ERP解决方案重叠，专为大宗商品量身定制的ERP解决方案很可能包含一些CTRM功能，这些软件之间的界限越来越模糊，无法提供清晰或精确的定义。鉴于这些跨类别的功能，我们将这些术语（CTRM和ERP）视为大宗商品管理应用领域的子类。

6.3　聚焦金属

在全球能源转型升级绿色发展的主题下，金属注定成为现代社会的新基石。随着清洁电力在能源供应比重中的占比不断增加，从存储清洁电力的电池中的大量基本金属，到传送清洁电力的电缆中的铜，对金属的需求也呈现不断增加的趋势。用于建设和满足电气化所需的钢铁、稀土元素、特殊金属等其他金属的需求也将迎来爆发式的增长。用于制造电池、电子和电器元件的锂、钴、锰、锌、汞、银、镉、石墨、铜、金、铝和一些稀土元素等，都将变得越来越重要。

然而，其中多数金属都处于供应短缺状态，而且这一状态很有可能一直持续。除了供应与需求预测反映出的显著供应缺口，多数金属都不容易被开采或运输也是一大问题。以锂为例，锂是一种遇湿燃烧的金属，对运输和储存要求极高，纯锂通常存储在厌氧条件下，并被凡士林或矿物油及其他非反应性液体覆盖。它还具有极强的腐蚀性。在实际操作中，锂要么以盐湖卤水的形式提取，要么以矿物的形式提取，再进行提纯。然而，供应链需要专门的设施和设备，这增加了提高产量、满足需求的难度。此外，多数金属在世界各地特定地点生产，这也是金属开采、运输和管理的难点之一。如此看来，多数金属的价格很可能出现波动并且呈现上涨的趋势，涉及金属和矿石的交易、生产、运输、加工和存储环节的企业需要更加关注供应链和成本的优化，管理其价格风险敞口。

ESG要求和碳足迹是影响金属供应链未来发展的另一个重要因素。随着能源转型，全球范围内的二氧化碳排放目标越来越严格，围绕ESG的讨论也越来越多。不难推测市场对新兴绿色金属交易工具的紧迫需求，以及未来所有交易和装运都需要进行相关的碳足迹披露的可能性。企业需要新的工具来管理和优化供应链上的碳足迹，这无疑是增加了本已足够复杂的供应链的复杂性及其成本。

　　在CTRM软件市场中，金属领域的占比一直是三大大宗商品组合中最小的一个，而且与其他领域相差较大。根据我们的估计，金属CTRM市场规模在2021年约为1.55亿美元，到2026年将增至1.84亿美元，其中约25%为贵金属。这可能被证明是一个悲观的估计。不过，更广泛的金属领域的大宗商品管理软件市场的规模可能将扩大6倍。

　　金属CTRM软件市场一直以来由少数软件供应商提供的解决方案支撑。然而，由于较旧的技术，这些解决方案逐渐过时。在过去几年中市场上也涌现了大量的新解决方案，其中也包括针对被公认为最复杂和最难处理的原材料之一的精矿和矿石的解决方案。许多较新的解决方案更注重交易和风险管理，然而，我们看到的金属市场新兴需求更多地针对商品管理和整个供应链。尽管如此，新的解决方案基于新的体系结构和技术，更加灵活、适应性更强、管理成本更低。

　　金属CTRM和CM软件市场竞争越来越激烈，这对买家来说是个好消息。随着供应链要求的不断变化，对风险管理和不同类型的敞口管理的强调，以及对供应链上的业务流程和决策的优化，促进了一个替代市场的兴起。旧的解决方案，无论是采购引进还是公司自主开发的，都需要被更先进的软件替代，以应对金属领域面临的重大挑战。

　　与此同时，金属领域有许多的新进入者在寻求解决方案。他们的业务横跨各个产业，遍及生产和消费领域，他们发现不能再用电子表格或自研的解决方案，正在通过寻求符合自身业务特性的市场解决方案来充分支持其业务。随着供应链管理及贯穿供应链各类风险的管理变得越来越重要，大宗商品管理系统在金属市场中的作用也变得越来越大。对整个供应链的管理包括有效地管理和商定合同，以及利用（合同条款中的）选择权获利的能力。它涉及交易（购买和销售）、定价、套期保值、存货、成本、物流运输、测定和商检，直至发票开具和会计日记账生成。解决方案的灵活性是关键，要确保能处理供应链中不可避免的众多事件，比如，延迟交货或优化物流以满足降低成本或加快物流的需要，满足根据成分测定结果更新计价和保值操作变化的需求，等等。拥有能够更好地管理物流的工作流对于管理全球金属贸易也至关重要。

市场上的一些新解决方案提供了解决问题的不同方式。基于现代技术和架构的更新的大宗商品管理解决方案从本质上弥补了差距并实现了集成。为了了解发展方向，有时需要回顾过去。在过去，许多公司选择在大型 ERP 解决方案基础上进行大宗商品交易方向的定制，试图实现无缝集成。这种既复杂又昂贵的尝试最终都以失败告终。部分公司使用专业的 CTRM 解决方案，并将其与 ERP 解决方案相兼容，这也多次被证明是一个代价高昂的失败决策。让两个软件解决方案彼此协作，尤其是经历多次的 CTRM 软件升级之后，这种方式最终都变成一场代价昂贵、过程复杂的噩梦。好的解决方案要有管理不同品种商品细节的能力：每一种原材料都是独特的，在合同属性、执行和物流需求方面都有细微差别；基于不同数量、不同元素的存在或缺失，需要设置分级的折价与溢价，使得计价变得极其复杂；甚至在运输过程中，货物成分也可能发生变化。

对此，以下几点需要我们格外关注：

- 追踪长约和现货合同。
- 匹配销货成本和收入。
- 在合同生命周期内的各个阶段中生成会计分录。
- 检查信用敞口。
- 追踪实货和金融类敞口。
- 根据价格公式和远期曲线估算合同价值。
- 追踪各类费用。
- 生成基础报表。
- 执行基本的业务流程，例如日终清算等。

除了复杂性呈指数级上升的矿石和精矿交易，由于物理特性不同，金属交易都需要一套复杂的、拥有多种功能的系统来支撑。简而言之，一个不断扩大且波动性较高的金属商品市场需要的不仅仅是交易和风险管理功能，它越来越需要一个功能齐全的商品管理解决方案。该解决方案需要无缝结合CTRM的方方面面和ERP功能，也就是说需要整合工作流、业务追溯、可审核的ERP和CTRM的商品管理等多个方面，以同时体现出业务适应性、可扩展性、云技术和SaaS化、工作流特性和审计性等。更重要的是，如果成功管理了像矿石和精矿一样复杂的大宗商品，这种解决方案的成功经验将能推及整个大宗商品管理市场。随着金属日益成为催化和推动能源转型的重要大宗商品，从生产到消费端的企业不仅要准备好应对不断变化的市场和价格，还要准备好应对整个供应链的执行风险，专注于优化供应链流程，以降低风险和成本、提高效率，通过比过去更高的精细化程度和控制水平，灵活地管理大宗商品。最终决定企业成败的，很有可能是是否使用了更优秀的大宗商品管理解决方案。

Brady和ION一直以来被视为金属领域CTRM解决方案的领导者。然而，近年来，市场上涌现了由Commodities Engineering、Enuit、ION、Amphora、Fendahl、Gen10、Eka、SAP等供应商提供的大量新的解决方案，给买家提供更多基于现代技术的选择。此外，如Datamine和Mineman等金属采矿行业的几家供应商也涉足CTRM领域。这意味着更多的供应商将可以处理包含金融金属在内的金属行业的方方面面，金属行业会得到相对较好的软件服务。鉴于金属行业所面临的对生产增长的需求等挑战，金属领域的CTRM呈现出一个稳健的发展趋势。

·7·

风险管理的演变与作用

早在20世纪90年代末，有一家软件供应商在FERC第636令颁布后提供天然气业务和管道管理软件，当时我们在那里工作，并开始接到客户的电话，询问我们是否可以帮助他们进行风险管理。说实话，那时我们对风险管理没有什么概念，有一段时间，就像是摸着石头过河。然而，我们很快就明白，那些交易和营销天然气的公司希望找到使用金融工具管理风险敞口的方法，他们希望参与对冲保值，并通过各种维度来查看他们的头寸，例如按交易员、策略和交易组。其他早期的供应商也遇到了同样的要求，专门从事金融科技领域风险管理的供应商开始进入商品领域。

最初对风险管理的关注点集中在价格风险、对冲和头寸管理。随着金融科技参与者的进入，各种形式的风险价值和估值模型被引入，无论其是否有意义。电力市场放宽管制时，出现了风险价值的替代方案，如风险利润（PaR）和风险收益（EaR），并围绕如何计量和管理价格风险和估值（关于所使用的模型及其适用性）进行了大量的讨论。安然公司和一些美国贸易商的倒闭使大众开始关注信用风险管理，一些信用风险解决方案进入市场，同时ETRM增加了限额管理，以及一些基本的信用风险措施。

在更广泛的大宗商品领域，供应链又长又复杂，大宗商品公司也希望关注其他类型的风险，如操作风险和法律风险——能源行业也是如此，特别是那些拥有资产的公司。可追溯性也是许多公司的需求。2006年后，监管机构对大宗商品业务的兴趣大大增加，监管风险成为一个新的领域和重点，一系列新的应用因此进入市场。风险继续随着行业的发展而演变，包括ESG风险、碳排放风险、欺诈等，以及现在的流动性风险。在大宗商品风险管理日益复杂的演变过程中，对CTRM软件的需求也相应地发生了变化，专注于特定风险的新型软件解决方案进入了市场。

回顾过去，人们对于风险管理的归属从来没有任何疑问，但也许应该有疑问：它是否属于交易管理系统？无论它是否属于，CTRM的RM模块与风险管理有关，正如我们经常争论的那样，在许多CTRM解决方案中，RM模块较为薄弱，功能缺乏。这使得像Lacima、Kyos、Ascend Analytics、CRisk等大宗商品风险管理专家得以出现，为特定的风险提供功能更深入的工具。随着我们继续将CTRM软件发展成由各种深度功能组成的独立生态系统，我们看到了企业风险报告的出现，提供更复杂的风险分析的软件（如Topaz、Beacon Platform、Molecule等软件），以及对加强CTRM系统内部的风险功能的加倍注重。该生态系统包括投资组合压力测试、更复杂的信用管理分析、工作流和审计跟踪（操作风险管理）以及改进的估值模型等。

7.1　是什么在推动需求？

大宗商品交易充满了各种类型的风险。近年来，从事大宗商品交易、采购、消费的企业所面临的风险类型在强度和广度上都有所增加。商品短缺、地缘政治冲突、环境监管加强等因素，要求企业必须不断地识别、评估和尽可能地控制所有类型的风险。过去，价格或市场风险几乎是大宗商品公司唯一的关注点；而现在，大量新出现的风险也必须成为这些公司关注的重点，包括信用、监管、法律、政治、运营、流动性和其他多方面的风险。

这些不断增加的风险与技术趋势和全球市场发展现状有关：

- 越来越多的软件、服务迁移到云端，引入、增加了围绕IT、应用和基础设施安全等一系列的风险。

- 近年来，欺诈性交易活动也频频见诸报端，这就要求对整个供应链进行额外的监控以及新的程序性检查和平衡，以帮助最大限度地减少此类风险。

- ESG 也已成为一个将影响未来几年风险管理实践的领域。

- 此外，也许在短期内影响最大的是，俄乌冲突使部分大宗商品价格飙升，增加了波动性并扰乱了供需模式。

尽管用于跟踪、估值和管理商品交易的 CTRM 软件一直在不断发展，但如上所述，这些解决方案通常无法解决在商品交易组合之外存在的大量风险，更甚之，部分解决方案对特定大宗商品的风险分析不够重视，或者使用隔夜批处理来计算头寸。

在这一背景下，我们注意到几个技术趋势，其中包括：

- 在风险管理的各个领域开发更先进的风险分析解决方案，以补充 CTRM 各种类型的风险功能。

- 开发广泛的跨商品的风险平台，允许利用整个公司不同系统中的数据对风险进行进一步的企业级评估。

- 在 CTRM 和 CM 解决方案中加入增强的风险管理和分析功能。

- 使用实时模式和事件驱动方式计算风险指标，而不是基于前一天数据的隔夜计算结果。

鉴于市场参与者面临的一系列风险持续增加，以及应对这些风险所需的技术解决方案的明显差距，我们在 2022 年专门针对行业风险问题和新出现的做法进行了研究。除了总结商品风险管理工具和解决方案的可用性外，我们还对不同的应用类别进行了通盘考虑。比如，我们进一步尝试根据市场上的供应商和产品的风险管理能力和历史沿革，进行目录结构式的分类。这个目录可以为买家和投资者在生成解决方案采购短名单时提供一个工具。

这项研究是通过以下几种方式进行的：

- 一个简短的基于行业的网络调查问卷。
- 跟踪采访行业内的风险管理经理。
- 与行业内其他参与者进行访谈，包括供应商人员，他们也会酌情提供软件演示。

这项研究借鉴了40份有效的调查答复、6份匿名访谈记录和大量的研究结果。它还借鉴了该行业的分析师25年的知识积累。一份免费报告中详细公布了该研究的结果。

关于风险责任和解决方案的研究发现，受访者所关注的重点和系统功能范围与风险管理方法所要求的基本类似，即从基本到高专业性的管理需求都要得到满足。与我们交谈过的人也清楚地表明，某些风险可以得到很好的管理，现有风险管理工具可以很好地涵盖这些方面，在此之外的一些风险没有得到很好的管理，并且可能永远无法完全得到。总的来说，谈话中的共识是，一般来说，行业在全面和适当地处理风险管理方面仍有一些路要走。

在某些方面也出现了一种观点，即风险管理正朝着缺乏主动性和更刻板体系化的方向发展，本不应如此。一些受访者对风险管理方法论的构建进行了批评，这些方法论通常由大型咨询公司推广。他们认为，在将风险管理方法刻板体系化的同时，风险也在增加，因为这些方法忽视了主动识别和管理其公司特有的风险，而更偏向采用标准的方法。不同公司在商品方面的业务可能有所不同，即使是在同一行业中的公司也是如此，这意味着特定的风险需要被识别和管理，而这些风险在高度体系化的方法中不一定能被识别。

作为研究服务于该行业软件的分析师，这一观点引起了我们的共鸣。我们在CTRM软件方面也提出了同样的论点，因为经验表明，没有一个商业CTRM软件解决方案能够真正满足所有用户的要求。即使是实施"高度可配置"的解决方案，也常常导致次优的结果，这是因为同质化的方法被用来解决异质化的问题。从本质上讲，这不是一个真正的套装软件市场，而更像是一个寻求通过套装软件来降低成本的定制解决方案市场。这种市场本身就存在风险，即购买昂贵的套装软件产品永远无法解决企业的所有特定需求。更大的风险是，一旦软件投入使用，用户就会认为他们的具体要求已经被很好地满足了，而事实上并没有。

从本质上讲，这也可以适用于风险管理。风险管理的系统化和方法化可能会引起一些问题：当管理层认为他们已经掌控了一切，但他们业务的一些具体方面，如一份独特的资产、某种业务流程，甚至交易标准，可能就隐含了一个未被认知并存在潜在失控可能的风险。这些"未知的未知数"只有可能是通过风险管理经理积极主动地在风险域内搜寻、甄别和记录才有可能被有效识别，如果使用标准化且刻板体系化的方法，则可能会被遗漏。

这也适用于行业中分析工具的使用。正如我们与风险管理人士的谈话所证明的那样，公司使用刻板体系化或打包式的分析方法不适宜地处理手头任务，却自认为在有效地管理风险，这可能是另一个问题。这再次凸显了行业的复杂性：行业中不同商品和资产需要使用适合和有针对性的分析方法。它们还必须被恰当地使用，从而形成对输入参数、计算过程和结果解释的正确数学理解。在与我们交谈的受访者中，我们感觉有一些人在风险管理工作的某些方面存在自满心理，实际他们使用的模型或分析方法并不合适，或者它们的缺点没有被理解。像估值和市场风险这样的领域可能使用了不完善的模型和分析方法，特别是当这样的CTRM解决方案作为一个"黑箱"计算工具来使用时。这很可能是整个行业的一个严重问题。

事实上，使用CTRM解决方案进行风险管理有一些隐忧。许多正在使用的比较老旧的解决方案对盯市、头寸和风险价值等指标进行隔夜批量计算。也许受许多CTRM解决方案继续提供隔夜批量计算估值的事实影响，大多数受访者确实希望增加敞口计算的频率。从上面的调查结果可以看出，行业越来越希望能够实时了解头寸，大多数人希望获得事件驱动下的量化风险结果。鉴于此类需求，传统的CTRM系统逐渐成为风险管理的障碍，对头寸和风险审查的有限及时性，导致用户不得不在日内使用辅助手段进行补充（最常见的是电子表格，尽管这本身也有问题），以与不断变化的市场保持同步。我们再次说明，这些CTRM解决方案中使用的分析和模型可能不充分或不适合前面描述的工作。我们认为这推动了对更复杂的商品风险分析软件的需求，这些软件是对CTRM解决方案的补充，能够提供可配置或可调整的模型和分析，更适合特定的商品、资产，以及提供一些汇总和深入分析结果的可能性。这些软件的关键功能不仅是了解头寸，更是了解任何变动的原因。

调查表明，行业中的大部分人仍然使用一个或多个CTRM软件来管理某些风险，比如价格/市场风险、基础的信用风险、法律和操作风险等。在监管风险之外，调查表明，只有不到三分之一的受访者使用专业风险管理工具来管理特定风险。我们再次确信，这凸显了上文所讨论的大宗商品领域的一个普遍问题，即市场上缺乏适当的工具来有效管理大宗商品不同领域固有的独特风险。如果再加上使用这些软件时产生的虚假的安全感（一方面是由时效局限造成的，即所部署的风险管理工具和方法只在当时有效；另一方面是由认知局限造成的，即用户对所使用的模型或数学方法的缺陷、使用限制和例外情况缺乏认知），这些因素可能会导致危险发生。

另外，部分受访者认为碳市场和ESG是新出现的需要重点关注的领域。每个人都知道这些领域会产生新出现的风险，但对相关细节要求把握不足，对于谁才是最终的监管者缺乏认知。在大宗商品领域，大家似乎担心在没有明晰细则的情况下会不会出现混乱，尤其是在各地区及市场拟议的法规和法律方面。事实上，毕马威会计师事务所2022年的一份报告将此问题列为当年的头号风险，但在2021年它甚至没有进入风险排名的前十名。这份报告的作者还指出："矿业高管们并没有低估这一影响——近四分之三的人（72%）同意或强烈同意ESG在未来3年内将成为该行业发生重大颠覆的原因。"不确定性只会加剧这种混乱。在毕马威会计师事务所的研究中，约有55%的高管"不相信整个市场对ESG的期望能得到清晰理解并达成一致"。

这些观点至少涉及两个方面。一方面，监管者是谁？监管者执行的监管规定是什么？我们与风险管理人士讨论了围绕这些问题的困惑，他们都希望这个问题能得到更明确的定义。另一方面，需要管理的细节是什么？计算和报告交易的碳足迹似乎是一个新的要求，ESG审计似乎是另一项要求；但这些都是由不同行业的不同团体和政府内的不同管辖机构（包括地方、州和国家级别）提出的，而且目前这些要求之间并没有达成一致。此外，大家也在担心这些要求对业务的其他方面存在潜在影响，如信用评分和双向KYC、供应链优化、融资和价格等方面。显然，对于大宗商品市场参与者来说，ESG是一个亟需更多定义，并与市场参与者达成一致的领域。

我们的调查没有涉及的一个风险领域是人员配置。然而，我们从受访者那里了解到，人员配置对许多业务群体来说是一种风险。大宗商品行业已经进入成熟阶段，许多有经验的老人正在退休，他们的专业知识正在流失。同时，整个行业正在发生变化，出现了新的技术和新的制约因素，例如ESG。与此同时，在通货膨胀的压力下，薪资预期大幅飙升，这使得识别、招聘和留住优秀人才变得困难，这对企业来说构成了重大风险，现在需要加以管理。对于以油气为重点业务的公司，包括生产商和贸易商，人才储备是一个特别重要的问题。对石油、天然气和煤炭行业的妖魔化似乎已经对现在学院和大学毕业生的求职产生了重大的负面影响。这种妖魔化也已经蔓延到这个庞杂的能源行业的其他方面。

调查中没有明确涉及的另一个领域是流动性，但俄乌冲突的影响使其成为众人关注的焦点。一些受访者在"其他风险"中提到了这一点。要想在正确的时间和地点获得足够的现金，就需要一种相当复杂的现金管理方法，特别是如果企业在多个国家使用当地货币开展业务。尽管这通常是财务资金专业人员的职责范围，但多数大宗商品价格的快速上涨以及由此引起的追缴保证金要求，给整个业务体系带来压力。充足的流动性对大宗商品企业至关重要，而目前的市场波动带来了巨大的风险，需要进行有效管理。

随着市场对云技术和数字化的热衷程度的增加，我们的研究中出现了另一个潜在关注领域——IT架构和安全。之前ComTech对云端CTRM进行研究时强调了一些问题，如数据的位置（与管辖权、隐私等有关）、数据的安全性以及放弃对重要业务资产（数据和流程）的控制带来的普遍不安。在过去的几年里，这种担心似乎已经大大缓解，云技术是现在大多数公司的选择。也许在疫情封锁期间，居家办公的制度有助于缓解这些担忧。该调查反映了大众越来越积极地看待云技术，毕竟它带来了可观的商业和成本效益。然而，与IT相关的风险仍然需要考虑，安全当然是一个需要解决的关键问题，特别是考虑到黑客和勒索软件的增加。

总的来说，我们采访过的人认为，近年来，风险的识别与管理已经得到改善，但仍有许多工作要做。CTRM曾被认为在很大程度上不足以管理基本的风险之外的任何东西，特别是在使用较旧的传统解决方案时。许多人认为，面对变动的市场，这些系统没能及时提供足够的信息，因为它们经常依赖隔夜的批处理作业来进行头寸计算、盯市估值和利润计算。信用、监管和财务等领域中专门的解决方案有助于管理风险，尽管只有少数受访者拥有所有这些系统，这表明许多公司没有充分利用现有的风险技术。

总而言之，整个行业的风险管理水平仍存在很大差异。虽然，根据我们的调查和访谈，寻求改善风险管理能力的公司确实有更多可用的工具。但不幸的是，新的风险（如ESG风险）正在出现，需要他们的风险管理经理和高管不断保持警惕，并了解其对公司具体状况的影响。

7.2　按风险类型划分的发展概况

鉴于目前进行研究的环境是动态变化的（价格不断攀升和波动，似乎每天都有新的监管要求和建议出现），而且大多数市场参与者可能比以前经历更多的变数，因此对于风险如何演绎及风险管理实践的可持续做法很难得出明确的结论。因此，在下文按风险类型划分的市场发展总结中，我们将把论述局限于我们在进行研究时所了解到的内容。由于问题层面较高，我们对分析的把握确实受到了限制。然而，调查收集的信息在总体层面上是有趣而翔实的。

市场风险

市场或头寸和价格风险通常被留给CTRM解决方案处理，事实上，鉴于这些系统是所有交易的数据库，它们应该是计量和分析这些风险的最佳场所。不幸的是，如果该解决方案是较早的技术，它可能只是在每天的交易周期结束后进行延迟计算。此外，公司如果交易多种商品，它也可能依赖多个CTRM解决方案，需要复杂的自动化过程或烦琐的手动处理过程来汇总各地方的所有头寸数据。如果采用自动化方法，这种汇总过程可能需要频繁的技术更新，以应对各终端解决方案中可能出现的代码更新——而且，即使进行了调整，系统速度也总是不尽如人意。

另一个常见的问题是，许多现行的商用CTRM解决方案往往难以弄清并理解敞口信息的变化。尽管在供应商提供的解决方案中，诸如具备向下钻取[①]的分析能力的盈亏归因分析功能越来越普遍，许多传统的解决方案仍然缺乏这种必要的能力。

投资组合管理、交易和分析平台，以及其他各种工具，包括电子表格、商业智能解决方案和专用报告工具也可用于帮助管理市场风险，但只有约20%的受访者表示他们使用特定的工具来管理市场风险。越来越多的情况是，复杂的商品头寸估值需要更复杂的模型，这也是典型的CTRM解决方案经常缺失或使用不当的地方。调查还表明，超过一半的受访者认为需要给予这一领域的风险更多的关注。

有趣的是，数据管理并没有出现在任何谈话中，但经验表明，管理价格数据是一个需要关注和关心的领域。确保任何来源的价格数据都是准确、及时和有效的，这对构建计算头寸所需的曲线至关重要。对于许多市场参与者来说，在对更不透明、流动性较差的头寸进行估值时，构建和维护衍生价格曲线（由源生价格曲线通过推导过程生成）的能力也至关重要。尽管一些CTRM解决方案可以提供这些价格曲线管理功能，但我们发现，数据管理平台也经常关联使用。

综上所述，我们的研究确定了以下与市场风险管理有关的关键问题：

- 大家一直在永无止境地寻找由事件驱动的或更接近实时的估值、头寸和分析指标的更新计算。典型的日终（隔夜）清算与日内估算应

---

① 英文原文为 Drill Down，是数据分析和报告制作中的一个术语，通常用于描述集中深入且多层次地分析数据的过程。——译者注

用场景，对于应对市场变化来说太慢了，特别是在电力市场。

● 用CTRM软件和其他工具理解头寸状况的变化往往也是困难的。

● 对于经营多个市场和商品的公司来说，头寸数据的汇总遇到了问题，特别是在使用多个CTRM软件或类似解决方案的情况下。

● 有时使用的市场风险分析方法的适当性值得怀疑。

信用风险

信用风险管理尽管经常被认为是单一的功能，但事实上包含信用评分、敞口计算和限额监控、信用工具管理和信用分析等多个方面。市场上有供应商提供特定的信用风险管理，许多CTRM解决方案有时也包含基本的信用风险管理功能。大约三分之一的受访者表示，他们使用信用风险管理软件来管理这种风险，但有不到20%的人认为这是一个缺乏软件工具的领域，近60%的人认为这是一个需要更多关注的领域。

根据我们的经验，尽管市场上有一些信用风险管理解决方案，但许多公司似乎仍然在使用自开发的工具来管理信用风险，并使用一些有限的CTRM功能。大多数情况下，这些工具似乎都是基于电子表格的。尽管如此，我们预计，在当前一些需求的驱动下，专门的、由供应商提供的信用风险管理解决方案将继续被采用。这些需求包括更好地预测保证金的能力和加强对交易对手方信用敞口的监控。管理和预测现金需求是风险管理的一个关键方面，预测可能出现的保证金追缴尤为关键，需要分析哪些资金处于抵押占用状态以及与交易对手之间的应收应付敞口。此外，对ESG的日益关注将要求企业风险管理人士更加关注KYC能力和对手方的选择。

我们的研究发现这一风险领域的关键问题是：

- 信用被认为是一个服务不足的领域，需要更多关注。
- 这是一个未来也可能受到ESG法规影响的领域。

监管风险

市场上有各种形式的软件应用来帮助应对监管风险，内容涉及交易报告、监视工具、查看非法或可疑交易活动的交易模式。尽管目前有这些类型的解决方案，但在我们的调查中，受访者认为这个领域需要更多的关注。调查的结果很有意思，尽管几乎一半的受访者表示他们有适当的监管风险管理工具（在任何一类风险类型中都是最多的），但近30%的人声称缺乏合适的工具。我们咨询了ETR咨询公司的艾维·汉德勒（Aviv Handler）和一位专业的监管风险管理专家，试图了解这些结果背后的原因。

对第一阶段的监管风险的管理关注对交易的报告，相关软件解决方案的设计和开发就是为了报告交易，并且已大体达成了这个目标。然而，不同监管机构对交易报告的要求即将产生变化，这些解决方案必须对这一点加以考虑。第二阶段的监管风险是通过交易监督来解决的，虽然有软件解决方案来协助这项活动，但它们的功能往往是不充分的，例如，对于不同资产类别的监管往往是缺失的。据艾维说，在这一领域还有很多事情要做。最后，艾维指出，由于能源价格的上升和波动的加剧，市场干预成为热议的话题，尤其是在欧洲市场的政治家之间。这对油气行业来说是个巨大的担忧，因为对于可能发生的干预措施和时间几乎没有明确的规定。艾维说，市场干预的形式可能是设置任意的价格上限，甚至包括重新国有化。

在此基础上的调查结果可能更有意义，因为监管风险是一个广泛的术语。大多数企业都部署了监管报告解决方案，以满足法规在报告方面的要求。一些企业虽然有交易监督工具，却发现这些工具并不完全适合大宗商品，因为大宗商品需要人工干预和更大力度的监察。同时，随着决心进行干预的政治家和监管机构寻求加强对市场的监督和控制，这些解决方案未来的前景也逐渐变得不明朗。

欺诈风险

调查还表明，欺诈风险（当然也包括欺诈性交易行为）需要大家更加关注。同样，欺诈风险是一个涵盖各种风险的术语——不仅仅与欺诈性交易活动有关。一些受访者声称使用工具来帮助管理欺诈风险，其中可能包括交易监控工具。

欺诈风险可能发生在公司运营的任何方面，所以需要实行监控措施和职责规范来预防和规避。在商品价值链的大部分环节中，都有技术可用于减少欺诈风险。这些技术包括集装箱GPS定位的监控追踪；各种类型的物理监控系统，删除篡改警报[①]；区块链应用(包括智能合约)，有助于增加对合同履行和所有权证明文件的信任；之前讨论过的寻找非法交易模式的贸易监控工具。CTRM和相关系统可以提供嵌入式功能，以帮助建立和监控工作流和授权，并记录和提供系统活动的可审计记录（包括对谁更改了它以及为什么更改的记录），从而帮助减少欺诈风险。其他应用程序、服务可用于协助完成与交易对手相关的适当的KYC和其他职责范围内的调查活动。

然而，我们的调查只是告诉我们，欺诈风险是受访者持续关注的问题，其中许多人认为需要提升对其的关注度。

---

① 英文原文为 Tamper Alerts，通常指一种安全机制，用于监控和保护物理或电子设备不被未授权地修改或破坏。在商品价值链中，这种技术可用于确保货物的安全和完整。——译者注

合同/法律风险

许多受访者关注的另一个领域是合同/法律风险。尽管对这类风险的管理通常被视为公司法律部门的职责，但约有四分之一的受访者指出他们对这一风险领域负有责任。其中，大多数人认为他们有足够的工具来管理这一风险领域。像合同管理和文档管理应用程序（或其他解决方案，如CTRM系统中的模块），以及律师用来管理协议起草和审查过程的更专业的工具，似乎提供了基本够用的工具，特别是考虑到普遍存在的文档管理功能可以采集和存储物理文件的电子扫描件。此外，具备嵌入式和可配置的流程审批、审计跟踪和具有其他系统功能的工作流工具可以帮助管理法律风险。能够从CTRM或风险应用程序中访问关键文件的数字版本是许多人认为很重要的功能，一些供应商已经或将实现这一点。

尽管如此，法律风险仍主要由公司法律部门负责，他们只需要了解大宗商品业务，并有能力在业务侧部署的系统中监控法律风险敞口。

外汇/利率风险

受访者认为，这是目前可用的工具最有效覆盖的领域——尽管有相当一部分人也认为这一领域需要更多的关注。随着汇率波动的影响越来越大，对于跨国经营的企业来说，这可能是一个关键的风险领域，因为他们需要充足的营运资金和多种货币的现金流。虽然对于外汇和利率风险的监测活动传统上是由以财务为中心的解决方案负责的，但近年来，ComTech注意到，为了帮助管理这种风险，大家对CTRM与财务系统更紧密的集成产生了更大的兴趣。

ESG/碳交易风险

就风险管理及其相关需求而言，ESG和碳交易是众所周知却鲜有人涉足的一个领域。企业在这方面缺乏风险管理工具，受访者认为这一点需要更多的关注。根据目前所有贸易管辖区正在拟议和已经颁布的监管规定，相关风险管理工具的缺乏并不令人惊讶，因为还不清楚谁是最终的监管机构，也不清楚这些监管规定一旦实施后，企业可能需要补充哪些细节。每个人都知道这是需要解决的问题，但其细节仍有待公布。

目前在这个领域既有可用的工具，也有新出现的工具。现有的解决方案能够实现对各种碳相关工具的交易采集、投资组合管理与评估以及相关工具的生命周期管理等功能。

在新要求方面，碳足迹计算器可能是商品供应链中所有参与者的需求。获取与商品交易和物流相关的碳排放量可能是大宗商品市场参与者全方位的需求，从企业报告的拟定到发票账单的记录都需要这一数据。这就要求解决方案报告交易的碳足迹，以便针对对冲、抵消和交易对手三方面进行适当的报告。其他工具将需要关注ESG风险的监测和审计，包括从ESG角度和财务角度评估交易对手；同时需要根据各种ESG标准审核供应商和生产商，并证明业务来源的可靠性和可追溯性。

毫不奇怪，我们的研究证实了ESG是风险管理者关注的一个真实而重要的领域。

研究总结

我们这项研究工作成功地确定了这样一个事实，即大多数风险管理经理认为需要更加关注和致力于"真正的"风险管理，即积极识别和评估所有风险。从字里行间可以看出，受访者对大宗商品交易及相关业务操作中各种风险的识别、计量和监控的受关注程度和可用工具水平有些不满。当然，近年来提倡的这些循规蹈矩的风险管理方法受到了广泛的批评，然而，反过来想，如果没有这些方法，对风险的关注度是否会比现在要低，这一点令人深思。

也许令人惊讶的是，大家认为所有潜在风险领域都需要更多关注和相关工具来进行更好的管理，包括市场风险。目前（2022年）的动荡环境——存在地缘政治干扰、供应链问题、劳动力短缺等问题——更凸显了对风险管理采取更严谨和更现代化方法的需要。这将需要：

- 适合手头任务的更加具体的算法和模型，并且能够更好地被用户和管理者理解。
- 更及时地计算风险指标——大多数人赞成事件驱动的方法，即出现新的检测或价格等事件会触发重新计算和评估。
- 对整个企业的风险指标和风险敞口有一个更全面的看法。

从早期的"前FERC 636号令"时代开始，风险管理已经有了长足的进步，但它仍有一些路要走。作为CTRM解决方案的一部分，风险管理工具需要包括各种算法来监控和管理风险敞口、跟踪风险限额、帮助避免操作风险和欺诈风险、管理对手方等。似乎在CTRM的生态系统里，在监管风险、信用和流动性风险、高级风险分析和企业风险报告等领域，企业也可能部署额外的有针对性的风险管理工具，例如，具有除传统功能外的特定功能的模块（如船务系统、套期保值系统等）。

在风险中出现的新应用类别？

上述结论支持了我们近段时间在大宗商品交易软件领域观察到的趋势：CTRM或ETRM似乎越来越像一个误称。特别是与这些解决方案的风险管理相关的部分，无论是新的还是过时的系统，它们与风险管理相关的部分都体现出了这种趋势。一方面，虽然较老的解决方案确实提供了一定水平的风险分析（如黑箱式的风险价值、盯市、头寸管理和对手方风险限额分析），但它们往往缺乏风险管理所需的许多复杂性。另一方面，许多较新的CTRM解决方案，即在过去10年内推出的解决方案，往往针对的是那些不怎么进行主动风险管理的细分市场，或者在这些细分市场内，客户只是使用第三方解决方案或电子表格来满足其风险管理需求。这些供应商往往缺乏内部专业知识来解决风险追踪与分析的问题。

根据我们的观察，大多数CTRM解决方案最多只能提供以下不完整的工具清单：

- 各种形式的头寸管理，包括实货和金融业务，每天晚上以批处理模式更新，提供各种形式的报告，如区域、交易组合、交易员、策略等多层级的报告。然而，在许多系统中，穿透数据以解释变化或调查某方面的风险是非常困难的。

- 通常在电子表格或白板上维护的日内头寸，既不实时也不准确。

- 大多数仅限于交易活动或交易对手方风险敞口的支持，这类支持会报告或主动通知超过或接近限额的情况，但CTRM领域内的支持通常不提供任何形式的相关操作，而是靠系统流程之外的人工干预。

- 估值及各种风险计量方法常常依赖于简化的模型，这种模型类似于黑箱。为了确保结构化交易或奇异交易的估值及风险计量的精确，有必要在电子表格中复算核验。CTRM系统对这些交易的估值不全面或不精确可能影响结果，同时管理层亦可能未能充分理解或认识到系统潜在的问题，从而酿成严重后果。

- 基础的信用额度管理，往往缺乏对各类抵押担保品的支持。

- 通常可用的工作和审计追踪，这一工具至少可以提供某种程度的事后保护，防范欺诈和其他形式的风险。

更现代的一些CTRM解决方案在解决上述部分问题的同时，也在改进性能和功能。我们看到，一些有限的基于云技术的新兴解决方案更加关注风险管理功能，它们可以提供：

- 更好的向下钻取的穿透分析能力，以探查各种变化的原因。
- 更好的可视化工具来图形化展示风险敞口。
- 改进风险计算的模型选择，如在 VaR 和估值方面。
- 提升模型的适用性。
- 改进的工作流、预警和审计功能，这些功能有时还可以自动触发应对操作。

虽然这种新兴解决方案数量仍然有限，但这些较新的系统正在逐步改善 CTRM 风险管理的稳健性，使之满足一般应用水平。

然而，我们也看到了一种新软件类别的出现——交易及高级分析平台或高级商品分析工具。诚然，某些分析供应商已经存在了一段时间（包括 Lacima、Kyos、Ascend、ION 或 FEA、eOpt 等），他们提供附加分析和一些复杂的风险管理工具包，通常为特定资产或商品类别量身定做。然而，我们最近看到，针对交易及高级分析的新软件和供应商在增加。其中包括 Beacon Platform、Topaz 和 Eka 等专业供应商，以及其他更通用的风险管理应用程序供应商，如 CubeLogic 与 Numerix 的联合成果。此外，FIS 通过其企业风险套件（Enterprise Risk Suite）专注于风险即服务的方面，与此类似，cQuant 通过云计算提供风险分析的实践也取得了成功。

同时，最近 CTRM 领域的一些供应商已经加强了对风险的关注，并一直在加强他们在该领域的能力。这些供应商包括 Previse Systems、CTRM Cubed、Gen10 和其他供应商。此外，还有一些新加入者提供的交易及风险管理解决方案，如 Quantifi、Compatibl、NASDAQ 风险管理平台等。

这些解决方案主要集中于市场风险领域，它们主要提供了对估值、风险价值和其他风险指标的分析改进，并增强了对风险敞口、头寸变动的穿透和解释能力。有一些已经改进了它们的计价和交易结构化的能力，使那些曾经需通过电子表格来管理的复杂的结构化交易，能够被录入、追踪和评估。

另一个可能出现的软件类别是企业风险整合汇总软件。这类软件将各种来源（包括CTRM、财务解决方案和电子表格或专业工具）的风险信息汇集到一起，并在企业层面进行汇总。这些应用程序还对分析展示方式进行了改进，允许向下钻取底层数据，并使用数据分析工具。从本质上讲，这一软件类别反映了调查中所看到的对更好的整体风险管理（跨地域、商品和跨特定风险类别）的需求。Tradesparent、Beacon Platform、FIS等供应商正在提供这类可执行汇总的工具。

在市场风险之外的其他领域仍然主要由不同类别的应用程序提供服务，如包含监管报告、贸易监督、信用管理、外汇和可追溯性/来源追踪等内容的应用程序。简而言之，尽管取得了一些进展，对大宗商品市场的多重风险的管理仍然采用当下可用的应用软件、手动操作和电子表格的混合体。

基于目前的市场和技术趋势，我们可以对风险管理工具的未来作出一些预测：

- 更多地采用基于云和SaaS的技术，提供更好的整合能力。
- 更多、更复杂，或更合适的分析方法，为用户提供更多的选择，以帮助他们自主确定应用哪些分析方法、算法或模型。
- 更接近实时的结果，可能是以事件为基础驱动的，且更容易被用户使用与研究。
- 更加强调工具及其性能，如包含工作流、审批、审计追踪、可追溯性/来源追踪和自动化处理等内容的工具。
- 为终端用户提供更多的供应商和功能选择。

7.3 本章总结

风险管理通常被定义为识别、评估和控制可能对公司或组织的资本价值和收益产生负面影响的各类风险的过程。用来管理风险的方法和工具因业务的具体情况而异，管理过程中需要考量企业的性质，包括公司的资产状况、操作流程、商业活动、地理位置，以及任何可能引发内外部风险的因素。

即使是在以大宗商品为核心业务的行业中，从生产端到消费端，风险敞口以及管理这些风险的方式和程度也会大不相同。例如，尽管电力公用事业公司和商业发电企业拥有非常相似的资产组合，但他们对风险管理的关注点和方法可能会大相径庭。公用事业公司是受监管的实体，其财务回报通常都受限于其获得的监管机构批准的服务费率。因此，即使实施最基本的风险管理策略，如对发电燃料进行保值，也并没有多少益处：比如在市场上升时，如果成功通过对冲控制燃料成本，市场监管机构则可能会把这种成功视为降低消费者成本的机会；反之，如果对冲操作失败，现货燃料价格低于对冲后价格，监管机构可能会强制要求公用事业公司自行承担对冲成本，而不给予任何损失补偿。不同的是，商业发电企业，向不受监管的市场出售电力，通常至少会对冲部分燃料成本以追求财务回报最大化。

不同的大宗商品贸易公司在风险管理的实践和关注点上也存在着广泛的差异，这在很大程度上取决于公司的业务策略以及其持有或运营的资产。那些持有库存并从事集散业务的公司也可能同时拥有并运营运输物流设施，包括码头、卡车、驳船、船舶，甚至铁路专线与车皮。对于这些公司来说，收集、汇总和分析各类数据，包括从市场价格到库存水平，再到资产的位置和状态，都是他们风险管理的关键需求。然而，对于那些不持有库存或只交易金融衍生品的交易商，他们主要关注的是市场价格（包括当前价格和未来价格）。这些"纯粹"的贸易公司可能使用高度复杂的基于宏观和微观数据的算法模型，来预测未来的市场走势。

我们研究数据充分证明了一点——就像在商品领域没有单一的风险管理方法一样，也不存在一种万能的解决方案能应对这个多元化行业的所有需求，或者大部分需求。不幸的是，基础市场环境（受法规、市场转型、地缘政治冲突、疫情、自然灾害等影响）的日益不稳定，对供需不平衡的两端造成影响，使得企业对于识别、评估和控制风险的需求空前高涨。各种层次的风险管理者，甚至那些在风险管理上不太主动的组织，也需要专门甚至是专业化的工具和系统，这样才能对潜在风险（无论是从资产或市场层面）有一定程度的审视，并从企业全局考量这些风险。这些工具可能是一些基础的东西，比如在 CTRM 解决方案中的一个整体合并头寸报告，也可能包括一些复杂的东西，如一个多变量风险模型、多资产优化算法。

针对很多新出现的外部风险，包括诸如监管或政治之类的风险，持续监控其潜在发展可能对业务策略产生的影响应该成为公司风险策略的一部分。对于这些风险，公司基本无法左右其发展走向，受影响的公司只能确保他们能适应新的市场需求，或者在需要时能调整他们的业务策略。

·8·

选择CTRM软件

在大宗商品市场中，有100多家供应商提供解决方案，这些方案覆盖大宗商品的全部或部分价值链。试图了解每家供应商的产品功能覆盖范围和能力深度是相当困难的。

由于市场本身及构成该市场的商业实体的复杂性，解读市面上能寻找到的软件供应商信息是个难题，这些信息来自市场宣传材料、销售手册或供应商网站。如果没有能力深入探究他们在管理不同商品、业务流程或区域市场方面的能力特性，那么区分这些供应商就更难了。

因此，当公司开始考虑替换现有的供应商系统和定制解决方案，或者只是决定从电子表格转向更系统化的管理商品业务的方式时，寻找最佳匹配解决方案的过程可能令人望而却步。因此，我们建议任何开始寻找新解决方案的公司在选择CTRM软件时采取结构化且程序化的方法。这种方法能确保他们对所有选项拥有全局观，了解那些初步看起来能满足他们功能需求的方案的真实能力，最终选到一个能实实在在帮助他们实现目标的合作伙伴。

通常，一旦决定寻求新系统并分配了预算，深思熟虑的选择过程会按照如下步骤展开：

1. 识别可能的软件供应商；

2. 发出信息商询函（Request for Information，RFI），然后收集回复并进行评分（可选步骤）；

3. 发出招标邀请书（Request for Proposal，RFP），然后收集回复并进行评分；

4. 观看供应商或产品演示，然后进行评分；

5. 进行最终选择和合同谈判。

虽然完成一个全面的选择过程所需的时间会因买方的业务范围、规模和复杂度而异，但我们应假设这个过程至少需要3个月的时间来完成。对于那些运营多个市场和商品品种，拥有复杂的多模式供应链的大型国企或跨国企业，选择过程可能会耗费一年甚至更长的时间。

随着云技术和SaaS的兴起，选择软件有了另一种方式。这种方式可能不适合那些需要证明他们经历了竞争性选择过程的上市公司，但它为快速选型提供了途径。这种方法是联系供应商并要求试用，该方法将在本章末尾详细讨论。

8.1 买方如何找到供应商？

ComTech的前身公司——Commodity Point的先前研究以及对市场的持续观察表明，买方会通过多种方式来获取潜在解决方案和供应商的信息。主要的信息来源是互联网和内部同事，但也包括软件目录、第三方专家、贸易展会和外部联系人等。研究中最有趣的发现是北美和欧洲的软件买家在获取信息的方式上存在的显著差异。北美的买家更倾向于依赖内部同事、互联网和软件目录，而欧洲的买家则更倾向于从第三方专家、贸易展会和互联网中获取信息。

由于市场的复杂性，买方公司通常依赖多种来源来获取供应商和产品信息，这其中就包括ComTech发布的一些资源，比如《CTRM供应商指南》、CTRMCenter.com在线目录、《CTRM供应商感知报告》（*CTRM Vendor Perceptions Report*）。因此，他们可能首先会开始一个发出招标邀请书的流程。如果他们对供应商的了解不够充分，或者对CTRM软件功能的理解已经过时，他们可能会在初步确定供应商名单之后，选择发出信息商询函作为流程的第二步。

8.2 信息商询函/招标邀请书发出过程

当寻找新软件时，大多数公司会使用信息商询函或招标邀请书，或者两者都使用。这两类文件都是关键的项目文件，无论是从零开始还是基于模板制作（稍后会谈到模板），都应该仔细且认真地制定这两类文件。

通常情况下，采购是从信息商询函开始的，尽管有时这个步骤会被省略，特别是当选型的公司认为自己对市场上可合作的供应商和解决方案有基本的了解时。然而，考虑到过去几年供应商环境的快速变化，我们不能假设任何最终用户公司或个人对当前CTRM软件市场的认知都是最新的（他们可能无法密切关注各种新进入的公司以及合并等事件）。

信息商询函

信息商询函通常在选型的早期阶段使用，目的是收集那些看起来可能满足买方一部分或全部需求的供应商的信息。如果买方希望与具备评估能力的系统集成商或咨询顾问公司签约以协助其选型，甚至可以将信息商询函准备好后分发给他们。信息商询函的主要目标是收集足够的信息以创建一份潜在供应商的短名单，为拟定招标邀请书作准备。因此，信息商询函通常会寻求比较宽泛而且浅层次的信息，并不需要对任何响应方作出承诺；它只是要求响应方提供信息，以帮助你评估：

- 供应商是否能够提供满足你需求的解决方案。
- 你是否愿意与某个特定公司合作。

在准备信息商询函时，你应考虑需要哪些信息，以及如何在作决策时使用这些信息。一般来说，信息商询函要求至少提供以下信息：

- 潜在供应商的基本信息，如公司历史、业务规模（包括员工和客户群）以及公司的组织结构。
- 对潜在供应商的产品和服务，以及他们服务的商品市场、行业和地理区域的概述。
- 关于潜在供应商公司财务状况的信息，以确认他们是稳健的商业伙伴。
- 可能作为解决方案提出的产品和服务的详细信息。
- 后续联系人的详细信息。

当然，你可以要求提供任何你认为适当的信息，但一般来说，目标就是简单地获取一些基础数据，并且获取的速度要快。在准备信息商询函之前，你必须问自己，在建立潜在供应商的短名单之前你需要知道什么，以及如何评估你收到的答案。你还需要提供一个时间表（通常覆盖对方收到信息商询函后的1—2周）和所需的响应格式。

此外，信息商询函应该提供一些关于买方公司的信息，比如其业务性质（包括所有加工或产成品的概述）以及更高层次的需求，以便供应商决定是否有必要响应。那些没有响应或者拒绝邀请的供应商，通过自我淘汰，节省了买方的时间和金钱。在等待信息商询函响应期间，你可能还希望允许潜在供应商通过电子邮件或电话提出有限的问题，以便他们进行任何必要的咨询。

对信息商询函响应的评估可以采用多种方法，包括纯粹的定性分析和定量评分。这个过程的最终目标十分明确：列出能够满足需求的供应商名单。这些需求不仅包括功能方面的，也包括规模、稳定性、文化适应性等各个方面。

招标邀请书

招标邀请书的编制需要大量的时间（从起草到接收并对响应进行评估通常需要数月）和精力，因此创建招标邀请书、发布及评估响应的项目应始终由有丰富经验的专业团队进行管理。在大多数情况下，招标邀请过程还会包括供应商演示以及与供应商进行频繁的直接交流，包括反复的提问和答疑。因此，你的公司在整个招标邀请过程中需要设定一个持续的联络人。

招标邀请暗示着可能会向一个或多个响应者作出承诺，内容包含你接受的条件、响应的格式（使所有的回复格式尽可能一致，以便于审查和评分）、保密协议以及评估标准等内容。对招标邀请书的响应可能会被纳入到最终签订的合同中，因此招标邀请书越具体，之后需要进行谈判的内容就越少。在响应期间（从向供应商发出招标邀请书起），应允许供应商向指定的联络人提交问题。对于此类问题的答复应尽快给出，并应抄送给所有参与该流程的供应商代表，以确保他们都获取到相同的信息并得到一致的澄清。

起草招标邀请书是选型过程中的核心步骤，需投入大量时间和精力。起草招标邀请书时，应关注以下几个方面：

- 详细的实际功能需求。针对每个正在评估的业务流程或业务流程集了解哪些功能是必要的，哪些是加分项。构建需求时，应考虑未来可能的需求，这需要理解整体的业务战略、计划和目标。例如，一个电力公司可能正在寻找一个管理其电力交易的系统。尽管现有的发电可能都以燃气为主，但如果该公司计划未来可能建设或购买可再生资源资产，那么这会对需求产生什么影响？同样，该公司在哪些市场开展业务，未来可能会有何变化？如果有，这是否需要系统具备与其他市场结构对接的能力？

- 考虑系统特性和通用的业务需求，包括那些由Dodd-Frank法案、《萨班斯–奥克斯利法案》①、FAS 133等规定的需求。可能还需要考虑其他功能，如提供足够的安全性、审计追踪、工作流和文档管理等。

- 考虑IT基础设施的偏好，如现有IT规划是否强制要求仅使用云原生的解决方案，还是也考虑如云托管、本地部署等解决方案；内部的支持需求是什么；软件能否通过内部资源进行高效支持；供应商软件许可的级别及其中包括的应用支持内容，仅仅是保证产品的可用性并修复Bug（漏洞），还是提供更全面的服务；如何建立和支持与其他系统的必要集成，是否具备Web服务技术、丰富的API接口，等等。

- 确定供应商偏好时，应考虑供应商的历史业绩、基础软件的客户规模、公司文化以及保持产品更新的总体能力。

- 要求供应商描述如何开发、实施和支持他们提出的解决方案，以及是否与其他公司合作提供解决方案。

- 要求供应商提供一份配备了足够资源的项目实施计划。

- 还应提供全面的项目报价，包括许可费或租用费、支持和维护费（如果未包含在租用费中）、实施咨询服务费等。

最后，你需要实事求是地看待系统及其功能需求，将"必需"要求和"加分项"要求进行区分。过度设定期望的，但在商业上或操作上并非必要的需求，只会增加成本、拉长项目周期，同时增加项目失败的风险。

一般来说，需求应以Word或Excel文档的形式提出，表现为可供供应商响应填空的列表。在所有情况下，你都应该明确地说明供应商应如

---

① 英文原文为 *Sarbanes-Oxley Act*。——译者注

何作出响应。供应商在对招标邀请书的回复中是否能按照规定的指示进行回应，这可以在评估反馈时作为一个有用的评分标准。

总体来说，向供应商提供的招标邀请书文件包应首先包含双边保密协议以及一封确认供应商响应招标邀请书意向的信函，文件包还应包含：

- 对买方业务的中等深度的描述，包括用户数量、办公地点、市场、商品和资产。
- 针对供应商的技术需求清单（例如多租户云、云托管、本地部署但需要适配 Oracle 或 MS 数据库等技术要求）。
- 关于供应商如何书面响应需求的具体指导（在提供的文档内或在单独的表格中），包括截止日期和买方的单一联络人。
- 包含所有需要回答的问题及要求的招标邀请书文档。
- 提供软件和实施服务报价的表格（可能是非约束性的估算）。

在准备招标邀请书时，你需要考虑如何进行评估和打分，这有助于构建和组织问题。你还需要思考想要接触多少个供应商，是否需要在招标邀请过程中进行初始产品演示，或更常见的情况是，你可能希望在作出最终决定前只让少数合格的供应商进行演示。评估和打分过程需要一队具备各自领域内的专业知识的项目团队成员，这个团队应包括每个执行操作的岗位或业务管理的代表，至少应该包括合同岗、交易员或市场营销岗、业务开发岗、风险管理岗、物流岗、会计或结算岗、管理层和 IT 人员，他们最终会使用系统或对系统提供支持。

对于供应商对招标邀请书的响应，就如同他们的营销材料一样，不能毫无保留地完全接受。这并非意味着供应商故意误导，但他们总会努力以最佳形象呈现自身。供应商对招标邀请书的响应通常包含一些模式化的回复、过时的内容，或者有些曾经正确，现在却不再适用的陈述。

评估团队的职责就是要细心地评估供应商对招标邀请书的回应，尽可能地检验其中的陈述和术语。评估团队在处理响应时面临的一个普遍问题是，人们往往会本能地相信表面的陈述，并习惯于寻找符合预期和愿望的答案。在这个过程中，我们必须保持高度谨慎、注意细节，以求在人的自然倾向和作出重要决策所需要的细致审查之间取得平衡。

8.3 与咨询公司合作及使用模板文档时 需要关注的问题

有时候，买方会邀请第三方咨询公司来协助或者全权负责系统选型流程。如果有第三方咨询公司帮买方编制信息商询函或招标邀请书，需要确保他们是根据买方的实际需求来创建这些文档的，而不是简单地套用"一刀切"的模板进行微调。在ETRM软件选型项目中，使用模板式招标邀请书文档的现象变得越来越普遍。虽然这种模板在开始阶段可能很有帮助，能在一定程度上加快流程，但是在这个行业里，没有一套标准的需求，所以采用"一刀切"的方式可能会在过程中增加额外的工作量和成本——在一些情况下，甚至可能导致失败。虽然流程外包可能是个好办法，但最后的决定权是不能外包的！另外，如果信息商询函或招标邀请书文件因为包含了过多不必要的功能需求，或者范围过大、深度过深，以至于回答起来非常耗时，很多供应商——尤其是在竞争激烈的市场中的供应商——可能就会选择不予响应。这就增加了买方错过最佳解决方案的风险。

在使用招标邀请书模板文档时，买方需要小心两个潜在风险：

- 第一，不从招标邀请书模板中去掉任何内容，反而添加了额外的需求，这可能会导致解决方案过度设计，增加项目的成本、复杂度以及执行的时间。因此，买方应当仔细检查招标邀请书模板中的需求，按照实际需求进行调整，不需要的东西就应该剔除，或者至少，把它们标记为"加分项"，而非"必要项"。

- 第二，招标邀请书模板是基于模板提供方过去的软件选型经验构建的，所以肯定会反映出这些经验。作为买方，需要检查招标邀请书模板是否存在偏差，并在必要时作出严格的修改。因为招标邀请书模板可能会预设一个解决方案，而这个解决方案可能并不是现在的买方真正需要的。

对招标邀请书响应的评分

当买方从供应商那里收到对招标邀请书的响应后，需要对其进行评分，以确定潜在供应商的短名单。虽然根据买方的评分策略，为每个响应进行评分的具体步骤可能会有所不同，但这无疑是整个流程中极其关键的一步。经验表明，一个简洁的评分标准——例如1—4的等级，其中每个等级代表供应商满足买方需求的程度——足以区分各供应商的能力。这些分数根据招标邀请书响应的每个部分评定，具体分级标准可能是这样的：

1. 无法满足需求；

2. 或许可以满足需求，但需要进行一些开发；

3. 可以通过现有程序变通来满足需求；

4. 满足需求。

这些对每项要求的评分应基于需求的重要性来加以权衡，比如，如果某项需求只是"加分项"，那么供应商无法满足这个需求的影响应该远低于无法满足关键需求的影响。

当对所有响应都评分完毕后，一个强制性的排名能帮助买方识别出数量较少的供应商以进行进一步评估，并邀请这些供应商向评估团队进行产品演示。最终进入名单的供应商少则三个，多则五六个。显然，这份名单包含的供应商越多，找到"最合适"的供应商的机会就越大；但同时，名单越长，整个过程就会花费越多的时间和金钱。此外，如果评估团队必须在几周内参与多达六个、每个均持续多日的产品演示，那么当到了需要做最后选择的时候，他们对各个供应商的能力和印象可能会变得模糊不清，以至于产生混淆。

8.4 供应商软件演示

在通过信息商询函或招标邀请书筛选出相对较短的供应商名单后，可以邀请名单上的供应商亲临买方公司（或是线上）演示他们提出的解决方案。这有助于买方验证该供应商软件的功能、相关能力和招标邀请书得分，同时也能帮助买方理解这款软件能在多大程度上支持买方现有的或计划中的业务流程。

供应商应该充分准备并规划他们的演示，确保其顺利进行，以最佳的方式展示他们的公司和软件。需要注意的是，一方面，供应商应该始终根据对买方的业务和所经营的市场的基本了解来呈现演示。例如，如果供应商未能使用买方市场的专业术语，或是引入与买方市场或交易商品无关的客户，这可能是他们无法或不愿满足买方需求的信号——可能是因为他们不理解买方的业务，或者他们太忙，没有作出必要的努力来证明他们的知识储备。在任何一种情况下，这种明显的专业知识的缺失都应被视为警示信号。另一方面，即使演示似乎进行得很顺利，也要记住，人们往往认为好的演示体验在实际使用中也会重现，但事实可能并非如此。

软件演示对供应商和买方来说都是最终的考验，但它需要双方做大量的准备。软件演示的主要目标是证明软件具备功能性，能满足用户的主要需求，并且使用起来简单直观。在基于供应商的软件演示进行选择时，应考虑CTRM软件的几个特性。

配置灵活性

当前的CTRM系统具有极高的配置灵活性并且功能强大。这样的配置灵活性使得同一款软件包能广泛适用于市场的各个领域，然而，这也代表着这种软件是复杂的，不容易快速掌握。实际上，这类软件的可配置性高到有时很多供应商自己的员工都不能完全了解其真正的能力和功能。在实施过程中，对软件未能做到全面的熟悉有时会导致在某些情况下创建不必要的替代方案！这也意味着，任何短暂的演示都只能提供对软件工作方式和真正功能的表层理解。供应商有责任确保他们的软件在演示时配置正确，但最终，他们只会演示一部分功能和特性——理想情况下是供应商认为最符合买方业务需求的以及具备竞争优势的那些部分。

CTRM 软件的版本和升级

在开始讨论软件演示之前，可以先从版本和升级的角度来看CTRM软件。一款全面的CTRM软件在其功能覆盖和服务的行业和市场方面都是复杂而宽泛的，这些行业和市场的变化速度非常快。供应商为了促进软件销售、赢得更多的新订单，会不断增加软件的特性和功能以适应用户的业务变化。这往往导致软件的发布计划过于频繁，对选型中的买方也有影响。因此，在软件选型和演示的过程中，必须记住，供应商当时提供和演示的功能和特性可能还未出现在软件当前的生产版本中。

系统性能

供应商可能会在电脑上演示软件，软件本身可能在该电脑上运行，或者通过网络浏览器或瘦客户端（指在客户端—服务器架构体系中的一个轻量级客户端应用程序，它通过网络协议和服务器通信以实现数据的读取和存储）连接到远程服务器。无论哪种情况，系统在演示过程中的运行速度可能都不如在实际运行环境中的快。买方在观看软件演示时，应考虑到这一点。另外，如果在演示过程中出现性能差（包括因数据加载错误或系统错误产生的错误消息），那么这可能预示着潜在的软件性能问题。

8.5　演示准备

评估团队首先需要确定软件选型的目标，然后仔细考虑如何组织演示以达到这些目标。鉴于CTRM软件的复杂性——具有广泛的功能和特性、通常需要大量配置，因此在演示之前（数据加载和配置过程）和演示过程中，需要留有足够的时间给供应商，以确保供应商能够有效展示出满足买方业务需求的能力。从通知供应商他们已被选中进入演示阶段到实际演示，可能需要2周或更长时间，但前提是买方在通知供应商时就已经给出了演示的目标和业务脚本（场景）。需要注意的是，如果买方没有提供这些目标和脚本，供应商就会按他们自己的方式来组织演示，那么他们自然只会展示长板，忽略短板。一般来说，每个供应商都会花1—2天的时间在买方现场演示他们的产品，但实际的演示时间会因买方业务的复杂度和业务场景而异。

为了更好地控制演示的节奏、一致性和最终价值，评估团队应该使用真实的数据构建场景，反映出软件需要支持的实际业务。这需要花费时间，但值得好好做，因为它迫使供应商为准确展示他们的软件可以如何支持业务而做准备。但同时，我们也建议让供应商展示如何输入一笔交易并在系统中对其全程跟踪直到开发票——这可以展示出系统的全流程处理能力，并让评估团队了解到系统日常使用的复杂性和工作流程。

在规划演示时，还要考虑报告的编制，以及系统中数据的易用性。通过为演示制定目标，并向供应商提供业务场景和真实数据，买家就可以建立一个更公平的平台，以此来评估演示中的不同系统。

由于每个供应商都只有有限的时间来演示这个复杂的企业管理系统，所以在演示过程中维持纪律是必要的。这就需要买方员工在参加演示时遵守会议纪律。演示期间的大量临时提问可能会导致演示不完整或仓促，这对供应商是不公平的，也会导致评估人员无法完整地了解到软件功能。所以，最好是先使用白板记录问题，并在可能的情况下，让供应商在会议结束后进行回答。

在设定目标时，建议考虑以下关于CTRM软件的事项：

- 供应商能否充分演示全流程处理过程？
- 系统是否具有足够的配置性和灵活性来处理买方的大部分业务？
- 供应商是否能处理买方提供的业务场景和数据，而无需使用替代方案？
- 系统是否能根据业务场景数据集产生买方期望的结果，如果不能，原因是什么？
- 哪些演示中的功能和特性尚未在当前生产版本中发布，预计何时可用？
- 系统是否提供了便捷地访问其所采集和计算的数据的方法？
- 报告是如何生成的，修改、定制报告以及创建新的临时报告是否便捷？
- 在通用场景下，系统的使用和互动是否便捷？
- 系统的配置是如何进行的？配置是否需要超级用户进行设置和维护？
- 软件的功能和特性如何呈现给用户？系统用户界面（UI）的风格是否通用一致，让用户觉得直观、易上手？
- 确保演示包括对审计追踪、安全保障和其他"后台"功能的检查。

虽然无法确保演示能充分展示系统处理买方所有业务需求的能力，但一个经过深思熟虑和充分准备的业务场景集可以提供一些保证——说明系统能在无需优化的情况下满足很多需求。

最后，制订一套评分机制或方法来评估供应商和他们的产品是很有益的做法。评分机制，就像招标邀请流程一样，可以根据为演示设定的目标制定，这有助于在决策过程中减少主观性因素的过度干扰。

8.6　演示阶段

在实际演示的过程中，应预留时间让供应商在开始软件演示之前介绍他们的公司和软件产品。由于CTRM软件相当复杂且高度可配置，买方也希望在演示开始前能对软件的架构以及主要功能和特性有所了解。另外，供应商很可能已经预设了软件，并根据买方的业务场景进行了特殊的配置；尽管如此，我们还是建议供应商能在演示过程中详细阐述这些设定和配置，因为这个过程可能涉及一些复杂的操作和买方平常不会接触到的界面。

演示同时也是一个了解买方公司与供应商文化契合度的好机会：可以从中看到供应商的员工表现如何，他们准备得是否充分，他们对质询和提问的反应如何。当然，即使是最出色的演示也可能出现一些小瑕疵和问题，但是如果在演示过程中出现了严重的错误，则暗示这款软件的可靠性可能存在问题。

对于供应商而言，演示不仅是他们展示产品的一种方式，同时也是他们通过员工的专业知识和经验给潜在客户留下深刻印象的机会。换句话说，供应商应该用心准备演示，携带适合的设备并提供相关的演示材料，来辅助解释他们所提供的解决方案的内部运作方式和架构。

最后，请记住，演示仅能提供关于系统能力的从宏观到中观的查看。

大部分CTRM解决方案都过于复杂，几小时甚至几天的时间都无法全面展示其功能的深度。针对目标、期望和业务场景进行准备，才能在相对较短的演示时间内获得最大的价值。

8.7　一些警示

如前所述，供应商可能会派出他们最优秀、知识储备最强的团队来进行软件演示、解答买方的问题、展示他们的专业技术以及软件的最大潜力，而负责演示的人员在实施项目中可能并没有实质性的角色，因此买方需要清楚的是，在此阶段你所看到的可能是供应商能提供的最佳状况。如果供应商的团队经验丰富且专业，他们会遵循良好的会议惯例，在演示过程中提供全面的解释——如果在演示过程中出现无法即时解决的问题，他们会承诺尽快跟进，如果可能，甚至在当天解决。

供应商也可能会想要展示他们的竞争优势，并可能提及潜在竞争对手产品的短板和弱点。一个聪明的销售人员可能不会直接批评他们的竞争对手，但他们可能会巧妙地暗示这一点，让买方认识到不能选择一个无法提供某种功能的CTRM解决方案。这并不一定是坏事，因为买方总会询问供应商他们认为自己的竞争优势在哪。

再次强调，供应商是在为潜在的买家进行"表演"。在软件行业中，在演示中构建一些实际上并非存在于当前生产版本的软件功能或特性并不是难事。供应商经常会展示他们最新版本的软件，即使这个版本还没有正式发布。因此，买方有必要问清楚哪些正在演示的功能和特性尚未包含在当前生产版本中，以及这些功能何时可用。即使是这样，也无法保证供应商能按预期实现这些功能。因此，买方应该坚持要求供应商完全披露在实施阶段肯定能提供的功能细项。

经验表明，任何一款CTRM解决方案最多只能满足买方80%—90%

的需求。除非买方的业务非常简单且流程非常有限，否则几乎所有的软件产品都存在不足或疏漏，而供应商在演示过程中肯定希望忽略或掩饰此类问题。ComTech的往期研究以及一些行业内的轶事证据表明，超过90%的CTRM实施项目需要在实施过程中对软件进行优化，这通常会消耗项目总人天的四分之一左右。因此，作为买方，应该明确询问供应商认为他们的产品存在哪些与需求不符的方面，以及他们打算如何解决此类问题。

8.8　演示结束后的事项

演示结束后，买方应处理与每个供应商相关的后续事项，并依据设定的演示目标和评分标准对供应商进行评价。买方需要确保在评分标准中，也考虑到了在演示过程中可观察到的其他因素的权重，如供应商的准备情况、文化适应性、行业知识等。除了定量的评分系统外，买方还要收集评估团队的主观意见和反馈，这些也是有价值的信息。

买方结合演示、评分、反馈、招标邀请书响应以及其他选型活动，进行最后的选择。但是，通常建议通过实际试用演示中的软件解决方案，来更好地作出选择。

8.9　实测

通常情况下，演示都是由供应商的员工进行，他们操作软件，买方则作为旁观者。有一种补充策略是让买方评估团队和其他潜在用户直接与系统进行交互，实际操作一番。尽管这种参与式的体验活动能够有效地帮助买方识别并挑选出最佳的解决方案，但无疑，这个环节需要更多的人力资源和准备工作，对供应商来说尤其如此，因此供应商可能会希望对实际操作的环节收取一定的费用。尽管如此，在决策过程中引入实际操作环节依然可以被看作是一种非常实用的策略，因为它使买方用户有机会真实地接触和试用系统。买方可以试图挑战软件的极限，尝试一些在演示中未涵盖的场景。这个过程能让买方更好地感受在真实环境下与软件的交互体验如何。

实测的环节需要详细的规划和准备——需要导入基础数据、配置系统，并为用户设计业务场景；需要计算预期的结果，并为这个环节制定明确的目标和目的。尽管投入的精力和成本相对较高，但这种做法的优点在于，它让真实的用户有机会直接与拟选的软件进行交互，让他们对供应商的支持和培训能力有所了解，理解系统如何处理更广泛和复杂的业务场景，以及了解系统和其工作流的性能。

实测的环节往往需要以独立项目的方式进行，因为这个过程需要安装和配置软件。这个环节需要供应商组织一整支团队的人员来提供适当的用户支持、进行必要的系统培训，同时也需要买方投入人力资源来使用系统。简单来说，这是一个投入较大的过程，但也是在开始长期且成本高昂的实施项目之前的最后一道测试。

总的来说，演示是选择CTRM软件过程中不可或缺的一环，但需要对其进行充分的准备和规划。演示应作为评估过程的一部分，但由于其特性，有时候在选择过程中会成为主观和客观意见的主要依据。因此，买方需要确保评估团队理解演示的目标和目的，并将其作为整体选择过程的一部分来进行评价。

8.10　参考调查

在了解潜在合作伙伴的所有方式中，参考调查无疑是最重要的一环。然而，令人惊讶的是，许多寻找软件解决方案的公司都没有要求供应商提供参考案例，或者即便要求了，也没有实际进行参考调查。供应商通常会提供他们最成功的参考案例，所以如果收到的反馈都是正面的，买方不用感到意外。但如果买方在进行参考调查时，收到的反馈是过于保守或直接负面的，那可能是一个重大的预警信号。事实上，参考调查不应该仅限于供应商提供的案例。寻找其他已经使用过该供应商软件的公司不是难事，可以通过查阅旧的新闻公告、与同行交流，或者直接向供应商询问这些信息。这个检查其他案例的步骤是必需的，虽然一两次不尽如人意的实施并不能完全说明该供应商是否适合买方，但它可以为买方提供一个可能的风险视角，以及帮助买方了解供应商可能存在的弱点。

8.11 处理偏见

在选型过程中，偏见的出现几乎是不可避免的。买方需要有所预期并准备好应对偏见，尽量采用可以通过量化特性减少偏见的决策标准。以下的情况可能会导致偏见的产生：

- 买方团队成员在过去的工作经历中与该供应商或该产品有过交集（比如，在前一份工作中使用过某种解决方案的成员，可能对其有所偏好或反感）。
- 买方顾问或系统集成商与各家供应商有关联，或买方团队里有人对某些产品有专门的了解。
- 那些只看到自身利益，而忽视整体利益的员工，他们可能偏向某种对他们个人有利的解决方案，不管其他功能区域是否令人满意。
- 在选型过程中买方团队成员与供应商员工建立起来的个人关系可能扭曲了对供应商能力的客观看法。

评估团队应该意识到这些偏见的存在，并要求在作决策时尽量只考虑选型的需求和目标以及企业的需求，而不是受到其他因素的影响。

8.12 作出决定

买方经历评估供应商对招标邀请书的响应、与供应商互动、演示、参考调查等步骤，接下去就需要作出决定。如果买方已经设计了与招标邀请书配套的合适的评分体系，那么决策过程中部分因素是可以量化的；但这同时也会受评估团队对于双方文化契合度、产品使用便利性和吸引力、他们对供应商的认识程度，以及他们从行业同行那里听来的对供应商的评价等主观因素的影响。因此，最后的决定很可能会有些棘手，并且绝非一眼就能看清。此外，最终可能是由一个选型委员会对成本和时间表等各种利弊进行权衡并作出决定。

通常有帮助的做法，也是我们推荐的做法，是先确定一个首选解决方案和一个备选解决方案，然后同时与两家供应商进行合同谈判（两家供应商都需要清楚这个过程）。经验表明，合同的谈判过程往往能揭示一些可能存在的问题，包括供应商的销售人员提供的保证在合同中未得到兑现，招标邀请书中对支持水平的描述不够详尽，甚至供应商在最后一刻对交易结构或条款作出变动——这比人们想象的要常见。与两家供应商进行谈判的优势是，如果其中一家退出或无法达成满意的合同，买方还有另一家可以选择。如果买方只选择了一个解决方案进行合同谈判，但最后未能达成满意的合同，那么回头找那些先前已经被告知没有中选的供应商就会变得更加困难。

8.13   试用软件

如果买方正在寻找基于云技术的解决方案，另一个值得考虑的选项就是直接试用软件。此类基于云技术的产品在试用时几乎无需额外的工作量，而且可以让买方从一开始就直接接触并体验该解决方案，这是它的一大优点。虽然之前提到的很多指导和建议仍然适用，但通过直接试用，可能会省掉信息商询函阶段，甚至可能省掉招标邀请书阶段，这样就能节省买方的时间和金钱。供应商可能希望对试用收费，因为本质上他们是在整个过程中为买方提供支持。尽管如此，对于一些买方来说，这可能是选择软件解决方案的一种高效途径。

·9·

实施CTRM系统

如同对世界上其他事务的影响一样，过去的新冠疫情也极大影响了CTRM市场。那些在2020年早期已经进行的软件选型流程被迫紧急停止，并且已经在实施的项目也被迫叫停。导致这些的主要原因是软件供应商或是客户的工作人员因为疫情的蔓延不得不在有限的资源条件下居家远程办公。

尽管一些CTRM项目实施停滞，并在2020年内持续推迟，多数的项目还是能够在几个月内，通过供应商、第三方顾问和客户项目团队的不懈努力，想方设法地调整以适应新现实下的"远程实施"。

事实上，在软件实施过程中，"远程实施"需要的工作量并未改变太多，更多的是用微软Teams等在线网络通信服务取代了面对面的会议。当然，"远程实施"也有一些优点。较为直观的是，供应商和顾问人员无需为了参加共同的会议花费额外的时间和资金购买机票出差。供应商和顾问可以更加有效地管理资源，可以不用整周被困在客户办公室，而是并行服务多个项目。

即使在疫情影响减弱、员工重返办公室之后，"远程实施"仍旧持续，而且似乎将一直被多数CTRM项目采纳，即便不是全部，至少也是相当大一部分。值得注意的是，不论一个还是多个项目成员出席虚拟会议并进行一对一讨论，实施如此复杂的软件所需的努力和任务是不会改变的。

9.1　组建合适的项目团队

"最合适的人选即是最佳人选"是老生常谈，也是常识。选择合适的、拥有正确知识与技能的组合，并具备"把它做完"的毅力和精力的人，是CTRM项目实施必需的条件。考虑到潜在的失败成本和此项目对企业的重要性，倘若不投入最有可能保证项目成功的最好资源，显然是不明智的。不幸的是，企业并非总能如愿以偿。

在ComTech公司，我们进行了大量的研究与调查，见证了诸多CTRM产品实施的失败案例。在近乎所有失败项目中，我们看到了一个普遍现象，那就是项目根本就没有正确实施。这并不是说没有诸如供应商对系统能力的过度承诺，或者买方公司的关键资源因辞职或晋升而流失等阻碍或干扰因素，因为这类问题总会使项目复杂化。一般来说，我们过往的经验证实，项目失败往往是因为没有合适的人参与其中，或是参与其中的人缺乏相应的知识，或缺乏使项目取得成功的意愿。

9.2　项目的所有权归业务用户，而不是IT组织

对于承担CTRM项目实施的公司来说，很容易让IT组织来领导这项工作，毕竟采购并安装软件是他们的日常工作。事实上，在许多IT组织里，IT部门是项目经理、网络和数据库管理员的所在地。从表面上看，IT组织非常适合这份工作，而且对于多数软件项目，由IT组织主导是项目成功的最佳选择。然而，CTRM系统的独特之处在于能源贸易企业的整体业务运营依托于该系统，是否能够通过系统对那些业务操作适当建模，对系统是否能投产成功至关重要。

CTRM系统采集、管理和评估所有的商业活动，包括交易、运输和仓储，管理并优化物流，提供分析和商业智能管理，从而让用户能够作出投入数亿美元的决策，追踪交易对手的信用风险，并且在一天结束时，进行每笔交易的所有相关会计入账。CTRM系统是真正的关键任务应用程序，业务用户的工作非常依赖对该应用程序的成功使用。

鉴于业务流程的复杂性和所涉及数据的密集程度，CTRM系统是依

赖实施的解决方案，而不是安装后即可使用的软件类型。这类系统的实施必须通过对完整业务流程的配置和工作流的映射，实现数据加载，进而允许基于真实业务场景的测试和完成最终用户的操作培训。因此，实施过程需要诸位每日依托于系统作出明智决策的业务用户的积极参与、支持和主人翁精神；如果这个过程错了，那可能会给他们的公司造成重大的财务损失。

9.3　团队来源

大多数实施团队在组建时通常会整合客户自身资源、供应商资源以及第三方顾问的各种技能和经验。在任何实施项目启动之前，都至少需要客户提供业务知识，供应商则提供产品知识，另外，根据项目的规模和范围，可能还需要额外的团队资源和专业知识，这有时只能从第三方顾问那里获取。这些第三方团队通常拥有深厚的实施产品经验与知识储备，能够帮助实施团队加快接口/集成开发、业务流程映射、应用程序开发和业务战略咨询的进度。

供应商顾问

每个产品供应商都有一支知识渊博的专业顾问团队，他们具备业务流程建模、培训以及软件技术（如代码开发、报告编制和系统集成）等方面的技能。这些供应商提供的资源是对实施团队的有益补充，而不是取代实施团队。但请注意，不要期望选定的供应商会完全替代用户来实施产品——即使供应商能够了解用户业务的复杂性并在新系统中完美地对业务进行建模，就算供应商完成配置，客户可能依然会一头雾水，不知道如何使用该系统以及如何在其中对未来的业务进行建模和管理。

在项目实施中雇用供应商团队的最大优势之一是，除了深厚的产品知识外，他们还能带来其他客户的经验——其他客户踩过的坑在未来仍可能再次出现，例如如何"录入运输选择权"、如何同步存在于多个不同系统中的用户数据库中，以及如何管理定制报告的开发等。这是许多客户过去曾面临的问题，对于此类问题可能没有一言以蔽之的答案。但通过选定的供应商咨询团队，将数十个客户的经验结合起来，可以帮助现有客户以最高效的方式回答和解决它们。

供应商也是用户获取产品专业技术知识的最佳来源 —— 包括数据模型、接口节点、数据集市策略等。他们精通自己的代码和接口节点以及应用程序接口，并在各种系统集成和报告定制方面有广泛的应用各种方法和技术的实施经验。

即使已经组建了合适的项目团队，在实施过程中保持团队资源的稳定性也非常重要。与选定的供应商合作，提前确定合适的团队资源，确保他们能持续、积极地参与该项目。如果在项目进行过程中，客户的内部团队频繁地在兼职参与实施CTRM项目和全职履行自身的业务职责之间切换，则可能会导致项目时断时续，客户为了尽量降低成本，可能更倾向于让供应商的顾问团队远程实施；又或者，如果项目本身就是远程实施的，那么供应商顾问可能已经参与了多个项目，而该客户的项目可能会被放在次要位置，因为他们需要更多的时间处理其他项目。如果客户没有很好地持续利用第三方顾问资源，不论该资源是来自于供应商还是其他渠道，就很难保证这些技能娴熟的专业人士能始终参与到整个项目中。这些顾问资源对于供应商来说是重要的收入来源，如果该客户不用，供应商自然会把这些顾问分配到其他项目上。如果发生这种情况，客户就不得不面对一而再、再而三地向新顾问介绍业务细节的窘境，从而导致项目延迟、项目失败的风险增加，并最终增加客户的实施成本。这些理由足以说服客户，通过尽可能将内部团队资源专派给实施项目，不断推进及确保项目的顺利执行。

第三方顾问

一些项目在实施过程中会借助第三方顾问，有时也称为系统集成商，他们的价值常常体现在确保系统实施得当方面，尤其是在那些更为复杂的项目中。这些顾问，可能是大型的跨国企业，比如普华永道、卡普科（Capco）等，也可能是细分专业领域的精品公司，比如MRE、Essentia Advisory Partners、MidDel Consulting等。他们不仅在相关技术方面拥有广泛的专业知识，还能为正在实施中的产品带来专家意见。

根据我们的研究和实践经验，这些第三方团队在提供业务流程映射和再造、工作流配置、系统集成、协助项目管理等方面提供了最有价值的帮助。并且，有时为了更积极地参与实施项目，他们偶尔还能提供补充人员以释放客户资源。

混合型贸易支持团队

在一些较大型的能源贸易公司中，出现了混合型的CTRM 支持团队。这些团队专门为贸易团队和其关键软件应用程序提供IT支持。这些团队的领导层通常担任类似于"贸易系统总监"这样的总监级职位。这些小组的成员一般都曾在业务部门工作过，但对技术情有独钟，并带着丰富的业务知识过渡到支持小组。

这种专门的贸易支持团队通常会从公司的IT部门获取预算，因此他们的上级是首席信息官（CIO）。不过，在大多数情况下，他们也会与贸易部门的负责人存在多重（"虚线"）汇报关系[1]。

经验表明，这种专门的贸易支持团队非常成功，不仅为实施团队提供关键成员，而且在CTRM系统上线后为用户提供主要支持。对于有条

---

[1] 不同于有明确的上下级关系链的"直线"汇报关系，"虚线"汇报关系是指员工或团队与其他部门的管理者建立非正式的、协作性质的报告关系。——译者注

件配置这样的内部支持团队的机构来说，好处非常明显。但是，不能指望这些团队单独完成工作；即使是这些混合型组织，也需要业务用户的积极参与。大宗商品贸易是一个日新月异的业务领域，如果没有前线业务人员参与，提供最新的业务知识，表达他们的需求，项目将永远无法满足他们的期望。

用户团队资源：全职 vs 兼职

在实施CTRM系统时，很多公司最常犯的错误就是没有为项目提供全职的关键团队资源。公司可能会配备一名全职项目经理，但其他人力资源都只以兼职方式分配。虽然对于规模非常小的企业（比如员工不到12人），这种安排可能还勉强可行；但对于规模较大的企业来说，用兼职的人力资源实施项目通常会导致一定程度的失败，可能是完全失败——项目根本没能完成；或者是部分失败——项目超出预算，耗费了大量时间和金钱；又或者是没有完全实施，给用户留下了一个残缺或不完整的系统，没有达到预期的项目目标。

令人遗憾的是，公司通常会要求指派的人员继续担任现有职务，但需要抽出时间从事实施工作。员工可能会问："这怎么行呢？"尤其是当他们感到处理手头工作已经忙得不可开交时，用户通常会得到类似于"我们会看看能做些什么来帮助你们"这样的回答。这样一来，我们就不难理解为什么被指派去实施项目的人很少会欣然接受这个机会。他们背负着巨大的、额外的工作负担，还得继续应付现有的工作，心里明白无论怎么平衡两者，都不可能同时做得很好。显然，由于实施项目的持续时间有限，而且公司对员工的评判标准是他们在现有岗位上所提供的价值，实施项目往往会被放在次要位置。

在任何复杂的项目中，保持势头和持续推进都是项目取得成功的关键。以兼职或"尽最大努力"的方式提供资源，很可能会使项目进展停滞或陷入困境，从而导致成本上升，延误或危及项目的实施。

如果公司无法负担雇用经验丰富、技能娴熟的全职团队的成本，那就可能需要考虑以下两种做法：第一，重新审视是否要大规模推进 CTRM 系统的采购计划，考虑延迟购买直到公司配备了合适的人员及组织架构；第二，考虑雇用一批经验丰富（同时也意味着成本高昂）的第三方顾问，这些顾问曾与类似公司合作，能够为项目带来产品和运营方面的专业知识。请记住，在实施过程中有一定量的工作必须完成，无论是由公司的内部团队还是顾问完成。遗憾的是，如何以最高效、最具成本效益的方式为一个项目合理配置人员（在供应商、咨询公司和内部团队之间进行合理搭配）是一道不容易解决的难题。

项目成功的关键——用户团队资源

在选择实施项目的团队成员时，需要甄别出那些具备实施复杂系统所需特质的人才。这些特质包括：

- 经验。业务团队成员需要对自身岗位相关知识有深入的了解，同时至少具备一种其他职能岗位的扎实业务知识基础。对于技术团队成员来说，他们需要对将要使用的技术有着过硬的相关经验。所有团队成员都应该具备相对熟练地运用Office软件的能力。
- 能力。聪明并且能够快速解决复杂问题。
- 态度。愿意付出努力、适应变化，并且有志向在自己的职责范围内成为引领变革的领导者。保持开放的心态至关重要，即愿意尝试以不同的方法来实现同一个结果。相反，如果过于固执，坚持"一直以来都是这样做"的思维，可能会导致项目延误并增加不必要的麻烦。

有时候，公司认为经验丰富的员工太重要，不能从日常业务中抽调

出来，可能会把初级员工派遣到实施项目中。我们强烈建议最好的做法
是将最有经验的人员投入到项目中，确保新系统能够在最大程度上反映
公司当前和未来的业务需求。同时，项目可以成为锻炼初级员工的机会，
让他们协助实施团队成员完成那些日常的事务性工作，使这些新员工获
得成长所需的经验，逐渐承担更多的责任。

强有力的管理层支持和监督

拥有专业且技能娴熟的技术和业务团队来实施项目中的重要任务是
确保项目成功的关键；但是，仅仅只是拥有合适的团队还远远不够。

几年前，ComTech的前身UtiliPoint曾对13位来自CTRM供应商和咨
询公司的最富经验的权威人士进行了一项调查，问了这样一个问题："确
保CTRM项目成功有许多关键要素，你认为最重要的是什么？"在13个
回答中，有10个强调了确保项目成功最重要的因素是客户公司上级主管
层积极参与、支持项目，并给予实施团队强有力的授权。

显然，根据这些回答，任何公司在着手实施CTRM系统之前，都必
须确保整个组织自上而下都对项目保持严格一致的态度并提供支持，以
确保项目能够达成目标。管理层的积极参与应该被视为项目成功的前提
条件，公司的管理层必须旗帜鲜明地大力支持项目，并积极鼓励所有相
关人员参与其中。他们有责任确保关键人员得到适当的激励，项目实施
人员不仅要参与其中，还要对项目及其成果负责。最高管理层必须领导
这一过程，而不仅仅是对可能出现的问题作出反应，他们必须站在项目
的前线和中心，积极主动地消除内部障碍并迅速解决冲突。

9.4　团队建设

从传统层面来说，实施团队是一个由具备必要经验、技能和知识的

人员组成的分级结构小组，合力提供领导力、业务知识、技术知识和技能，使用户新购买的产品从一个软件变成该公司不可或缺的宝贵资产。

实施项目团队的典型结构如下图9.1所示，下文将对其加以说明。

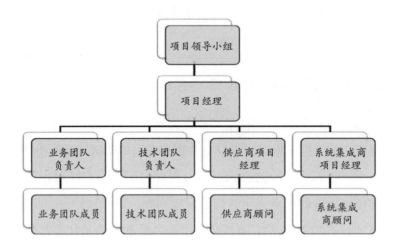

图9.1　实施项目团队的典型结构

项目领导小组

如果CTRM产品的部署对象是一家由多个业务单元组成的公司（如公用事业公司、石油和天然气生产商或大型农产品贸易商），这些业务单元将在系统实施过程中被影响到，那么成立一个由这些受影响部门的负责人组成的项目领导小组是合适的。

项目领导小组的职能和责任包括：

• 确保提供可用的人力资源并合理分配。

• 解决政策事宜。

• 审查和批准业务惯例的变更和调整。

• 对所负责的业务部门进行预期管理。

- 促进跨部门沟通。
- 对绩效和预算进行审查及对比。

项目领导小组应在产品选定之前成立，并在项目开展期间至少每月召开一次会议。在很多公司，项目领导小组会在新解决方案投入生产后的几个月内继续发挥作用，确保解决可能出现的业务流程冲突、工作流程瓶颈或人员分配问题。

项目经理

专业的项目管理为项目实施带来的价值不容置疑。项目在出现不可避免的问题时，拥有合适的负责人（项目经理）是确保项目仍能按部就班运转的必要条件，这类人需要具备管理复杂项目所需的技能和经验。仅有一个能根据项目计划分配任务的人是不够的。一个优秀的项目经理真正的价值在于，当计划因无法控制的问题而偏离轨道时，他们有能力进行调整，在某些情况下能随机应变。

在大多数项目的实施过程中，项目经理将负责以下工作：

- 制订和维护项目计划。
- 领导项目团队，项目各线条负责人直接向项目经理汇报。
- 在整个组织内纵向和横向沟通项目情况。
- 上报需要高层关注或解决的问题。
- 与产品供应商沟通，并与他们的项目经理协调。
- 激励团队成员，确保所有人积极参与项目。

在项目实施过程中，应尽早确定并指派项目经理，让其积极参与产品选型阶段的工作。

ComTech建议由美国项目管理协会（Project Management Institute, PMI）认证的项目经理来领导CTRM项目，通常这一认证被称为国际项目管理师认证（Project Management Professional，PMP）。拥有PMP认证意味着已经完成了项目管理技能和技术的全部培训课程，掌握了成功领导大型实施项目的必备工具。

如果买方公司没有具备相应技能的人员来领导项目，可以通过合同制的方式聘请经验丰富的项目经理。在选择合同制的项目经理时，一定要看其是否获得了相应的认证，以及其简历是否显示他在所属公司所在行业拥有丰富经验，并领导实施过CTRM项目。

请记住，项目经理应该为买方公司工作，并且必须始终关注并维护买方公司的最大利益，而不能是供应商或第三方顾问的员工。后者可能也是实施团队成员，如果后者当项目经理，难免会出现冲突，潜在的利益冲突还有可能会使出现的问题恶化。

买方公司选择的供应商应提供一名项目经理，为买方公司的项目经理提供指导和协助。同时，供应商的项目经理应该向买方公司的项目经理报告。

团队负责人

如果实施项目的范围和规模大到一定程度，实施项目团队可以对每个业务线条团队指定团队负责人，比如技术团队、业务团队和开发团队负责人（如果适用）。在这种结构下，这些团队负责人将承担以下职责：

- 协助项目经理制订、监控和更新项目计划。
- 充当各自业务线条团队中所有成员的主要项目联系人和上报人。
- 确保内部、供应商和第三方资源的可调度性和可用性，以实现项目目标。

- 上报任何可能影响时间表和项目成功的问题。
- 承担激励团队成员和保持项目实施势头的责任。

职能部门代表

确保受新 CTRM 产品影响的各职能部门积极参与，不仅对保证系统的成功实施很有价值，而且对实现各业务和技术部门对新解决方案的认同也至关重要。实施团队中应包括的各职能代表举例如下：

- 合同管理代表。
- 交易和营销代表。
- 交易发起代表。
- 风险管理代表。
- 调度执行代表。
- 结算和会计代表。
- 信息技术代表。
  - 报告开发人员。
  - 数据库管理员（ DBA ）、网络管理员。
  - 定制化开发人员（设计师、代码开发人员）。
  - 集成专家。

保持团队的积极性

在项目实施过程中，如何保持团队的积极性是一个大问题。在大多数情况下，很少有人会觉得实施是一件"有趣"的事情。由于大型 CTRM 项目常常需要持续一年或更长的时间，因此保持团队的积极性并使其朝着成功的方向前进非常重要。

参与实施项目团队的成员，无论在经济上还是在职业发展方面都不应受到负面影响。打击员工积极性的"最佳方式"就是告诉他们，他们的新工作就是加班加点地完成一个项目，虽然这个项目对公司很重要，但最终他们没有资格领取通常的奖金，或者下次晋升将被推迟，因为在项目进行期间，他们不能从事平时的工作。所以说，对保持团队成员积极性至关重要的是，参与实施项目团队的人员应将参与项目视为提高技能、增加自身对公司的价值的机会，同时参与项目不会影响到他们自身的财务状况或职业目标。

在公司内部应该对里程碑式的进展进行庆祝，并给予团队成员相应的奖励。确保整个公司都了解项目的进展情况，确保每个人都认识到团队成员为提高公司在市场上的竞争力而付出的努力和牺牲。经验表明，最成功的实施项目都是那些实施团队在公司内部热烈庆祝成功的项目。

项目团队建设综述

无论公司规模如何，如果决意部署新的CTRM系统，也就意味着公司决定承担将大量资源投入其中的风险，这些资源包括人力、资金、时间和机会。如果成功，这个系统将在改善决策、提高效率、合规监管、保存改进记录等方面为公司的业务带来真正的价值。如果不成功，不但以上这些价值无法实现，公司还会丧失一部分时间、金钱和机会，也很可能会失去再次尝试的意愿。

因此，要慎重选择团队。权衡两种成本，一种是将最优秀、最聪明的人投入到项目中的成本，另一种是没选择对人，使得项目永远结束不了，公司资源和员工士气被持续消耗的成本。

再者，有时需适当寻求外部的帮助。在前期为引进合适的知识和经验而花费的资金，将在一个高效、有效的项目完成后得到成倍的回报，从而达成一个全面实施的 CTRM 系统。

9.5 实施项目规划和执行

CTRM实施项目的执行是将新购置的CTRM软件产品从代码交付到全面投产使用的结构化过程，并在此过程中将促使用户购置CTRM软件产品的业务需求被一一落实。

在许多方面，实施CTRM系统与实施任何其他企业级IT系统非常相似。它需要一个全面的计划、可靠的领导（包括执行和项目管理）以及技术和业务方面的专业知识。然而，CTRM系统的独特之处在于，它不仅是记录系统（即记录和核算交易的唯一存储库），而且还提供管理合同、交易、物流、头寸、风险及相关分析的工具。CTRM系统的独特架构使其成为一体化的系统，能够提供大宗商品交易或营销机构的业务部门所需的全部功能。因此，CTRM系统是极其复杂的，需要丰富的功能及业务知识储备才能正确实施。

范围和规模

正如在本书前面所提到的，每个客户、每个供应商和每个产品都是独一无二的。诸如客户方面的用户期望、业务活动、资产和人员配备，产品方面的产品范围、功能和技术架构，以及供应商方面的能力和人员等不同情况的组合，使得完成不同项目所需的努力存在巨大的差异，并将决定单个客户的流程复杂程度。对于实施一个新的CTRM系统来说，确实没有"放之四海而皆准"的详细方法论。

项目实施需要多长时间？

在我带领不同的实施团队进行项目实施期间，我频繁遇到一个十分令人沮丧的问题，那就是销售代表问我，为一个我从未听说过的潜在客户X实施系统需要多长时间。对于这个问题，如果没有了解与潜在客户相关的详细信息，唯一合理的回答是"如果一切顺利，需要 3 个月到 2 年时间不等"。显然，这不是销售代表想要听到的答案。然而，"需要多长时间"这个问题类似于在问"一根线有多长"，如果没有对其中所涉及的大量变量进行彻底的研究，任何估计都是毫无意义的。影响 CTRM 项目实施所需时间的变量包括：

- 实施的产品及其适用性。
  - 项目是否需要开发和集成定制代码？
  - 产品是否需要大量的后台配置以适应客户的流程、资产和功能需求？
- 所实施的业务性质。
  - 重资产：用户是否拥有并需要对发电厂、加工厂、码头或其他类似设施等复杂资产进行建模？
  - 轻资产：用户是否只需要购买、运输和销售大宗商品，没有进行任何类型的转化或不涉及广泛分布的库存地点？
- 用户数量和用户的技能水平。
- 实施团队成员的数量、技能、经验和时间投入。
- 交易数量：合同、交易、交易员的数量，其中也包括在预计上线日期所有未结交易的数量。
- 业务流程的复杂程度，包括系统用户所在的办公室和设施数量。
- 组织架构（职能群）的复杂程度，包括部门和职能的复杂程度。
- 用户的期望和对实施成功的定义：有哪些亟待解决的痛点问题促使用户购买新系统？
- 被替换的旧系统：从何处获取新系统的数据，数据的状况如何？要谨记，低质量的数据不可能产出高质量的结果。
- 接口或集成需求：CTRM 系统需要集成多少个、哪些类型的系统？不要低估与大型 ERP 系统集成所需的工作量，比如大家可能有所耳闻——SAP系统没有标准接口。

从特定客户的角度来看，市场上的大多数大型传统CTRM产品，如果直接"开箱即用"，在其他变量保持不变的情况下，实施所需的时间大致相同（根据供应商实施团队的技能水平不同可能有10%—20%的差异）。需要编程配置（脚本）的产品例外，由于其可定制的性质，这些产品可能需要更多时间来实施，因为脚本的流程映射、设计、开发和测试将耗费更多的精力和测试周期。

与传统供应商或过去几年收购这些供应商的公司提供的大型多商品解决方案相比，基于云技术的多租户系统通常需要更少的实施时间。云技术解决方案为满足特定类型或商品组合的客户需求而设计，尽管有一些技术上的优势，但是在功能覆盖的广度和深度上都比较有限，因此实施所需的时间更短。这并不意味着只有小型企业才会购买和实施云技术解决方案，大型企业或者跨国企业也可以是云技术解决方案的客户，但是新系统的部署方式有限。云技术解决方案的客户包括大型企业内部特定的商品交易部门、人员较少且实货商品运输规模有限的小型贸易公司，或者无需持有或运输实货商品的对冲基金。

9.6　套装软件 vs 可定制软件或混合软件

针对这个话题，我们将讨论的重点放在实施传统软件上，无论是托管（在云端或远程数据中心）还是本地安装。当然，市场上还有其他选择，但重要的是要了解部署那些除了"开箱即用"的套装软件以外的其他系统的意义。

市场上有一些CTRM系统为客户提供了通过脚本、扩展或后台的程序开关来定制系统的能力。这些脚本和功能，比如添加、删除或重新定位信息或输入字段等，能够从系统如何运作和用户如何浏览系统的角度，配置界面并定制流程。也就是说，越来越多的供应商正在通过整合新的工作流工具和功能来提升其系统的可定制性，这些工具和功能可以通过前端访问。

在很多方面，编写混合或可定制软件的脚本的过程类似于开发过程：必须根据客户的独特需求定制所需的功能——他们做什么，才可能与他们的竞争对手或市场上的同类产品有所不同。

在大多数情况下，实施混合软件会增加客户在实施过程中对供应商的依赖。虽然供应商编写脚本的技能并没有什么独特性，但是通常只有那些具备此类项目实施经验并且正在实施具体产品的人员才具备有效地将业务流程和步骤转化为系统界面和工作流的能力。

专有方法论

几乎每个CTRM供应商和第三方顾问都会宣传他们专有的实施方法论。这些方法论大多强调数据加载、培训、场景（业务案例）测试和调整的结构化迭代过程。每个供应商和顾问都会带来一大堆文档，概述流程和程序，并提供项目管理、项目组织、变更管理、数据清洗和加载以及产品培训的模板。

就其核心而言，这些不同的方法论之间的共同点远远多于差异。实际上，任何经过实战测试的方法论，如果部署得当、管理得当，最终都会获得成功。换句话说，任何项目的成功秘诀都需要一个可靠的计划、一个好的团队和管理层的支持，以及让所有团队保持良好协作的专业化项目管理规划。

所有的方法论都有许多共同的活动流，但在术语和各种操作的顺序上可能有所不同。最好的方法论从正确地启动项目开始：第一，确保整个团队清楚地理解项目的目标；第二，收集、理解和记录用户需求；第三，制订一个全面的项目计划，详细列出在将系统完全投入生产使用之前必须成功完成的任务和操作。

9.7　实施过程总览

首先是免责声明：我们的目标并不是为实施CTRM系统提供详细的路线图。相反，我们想尝试对很多活动做出一个广泛的概述，并讨论实施过程中可能遇到的潜在难题。正如之前多次提到的，CTRM系统的实施是一项复杂的工程，有许多动态的部分，以及各种任务和可交付成果之间的依赖关系。同样的，许多供应商或服务商会带来结构化的专有方法，这些方法可能特别适合某种特定类型的客户或产品。但最终，没有一个"放之四海而皆准"的方法论能够满足所有客户或产品的需求。有一些非常好的系统实施框架，但每一个框架都需要根据客户公司的情况和产品部署的情况进行调整。所以，CTRM系统的实施过程可以提炼为：熟练且经验丰富的人员和他们所负责的活动的组合。

CTRM的实施可以分为四个不同的活动流：项目管理、培训、业务、技术和开发。每个活动流都由分配的资源来定义。值得注意的是，所有这些活动流都是相互联系和相互依存的，因为每个活动流中的许多活动都位于整个项目的不同临时节点上。各个活动流之间的真正区别在于完成每个活动流所需的技能类型。我们会在讨论如何开始实施新的CTRM系统之后，讨论这些不同的活动流和高阶活动。

项目启动和规划

在选择和签约新的CTRM系统后（或者在最终签约之前），立即开始认真实施。

在签约后进行的第一阶段是项目启动和规划。在这个阶段，所有的项目团队成员与业务团队负责人、供应商顾问、执行主管和外部顾问一起，使项目朝着正确的方向发展。根据组织规模和项目或应用范围的不同，这个阶段（最终是一系列的会议）可能持续一天到几周，还不包括项目计划和相关文件的准备。

项目启动的重点应该是将参与项目的每个人聚集在一起，目标是设定期望值，确定项目优先级，使团队外的成员熟悉客户的业务范围。参与者应该包括：

- 上级主管。
- 项目经理。
- 实施团队成员。
- 受影响部门的负责人。
- 第三方顾问。
- 供应商顾问。

这些会议的重点应该是评估当前的业务流程，使整个团队熟悉公司的业务活动和流程。这类评估会在流程早期就识别出潜在的困难或问题，并协助制定项目计划。此外，项目启动会议应该涵盖项目行政或管理流程（包括状态报告、报告链、项目日历、指导委员会信息等），并确定角色和责任，特别注意第三方顾问的角色和责任。

项目启动会议还提供了一个宝贵的机会，让项目的上级主管清晰地表明该项目对组织的重要性。理想情况下，上级主管能够明确表示对项目的全力支持，包括迅速解决问题并愿意在必要时进行组织调整，以确保项目的成功。

项目经理应该与供应商的项目经理协作，使用Project软件（或类似的甘特图工具）制定项目计划。项目计划应该是项目活动的详细路线图，列出并分配所有的任务，以及确定项目的关键路径。供应商的项目经理应该能够根据他们以往在产品实施方面的经验提供一个甘特图的模板。每个供应商都会有其独特的与其产品相关的活动，因此这些活动需要在项目计划中得到体现。

虽然许多方法论并不一定包括项目执行计划（Project Execution Plan，PEP），但我们还是建议制订一个PEP，它是对项目计划里程碑和可交付成果的口头表述，并包括对项目治理和程序的全面概述。我们之所以推荐这样做有几个原因：并非每个人都能理解复杂的甘特图；PEP能清楚地阐明谁在何时负责什么；可以再次确认项目的目标和期望，有助于减少误解和潜在冲突。PEP应该作为项目计划的组成部分，与该计划同时更新和维护。

项目活动流

再次强调，我们将项目的实施分解为四个独立的活动流：项目管理、培训、业务、技术和开发。

项目管理

如上所述，项目经理负责协调所有项目活动实施，并管理好团队，以确保项目的成功。项目管理活动包括管理、监控、协调和更新项目计划。其他关键活动包括向项目指导委员会报告进度，同时也向将在项目结束时使用新系统的用户报告进度。

在项目管理中，变更控制是一个重要的元素。变更控制从根本上而言是保持项目正常运行的一种机制，确保任何对初始计划的偏离在被采纳并纳入项目之前都得到充分的评估和合理的论证（在成本和影响方面）。制订和执行适当的变更控制程序是项目管理的重要组成部分，将有助于确保项目按时完成。

培训

在任何产品实施过程中，有效的培训都是最重要的活动。所有领先的CTRM供应商都已经建立了培训体系，由专业的培训人员或咨询人员进行。这些培训体系包括正式的课堂材料，如用户手册、培训指南、测试材料，以及涵盖系统大部分功能的在线教程。

培训体系应该根据参与系统实施和日常使用的各个参与者的需求进行结构化设计，包括实施团队培训、用户培训、技术培训和管理员培训。此外，一些供应商还提供超级用户课程。培训通常按照业务模块进行结构化设计，针对调度执行、交易、会计、风险管理和系统管理等方面提供特定的课程；还有一些技术课程，如报告编写、数据库管理和接口开发。

- 实施团队培训

  如果实施团队没有对系统的功能、要求和流程有全面的了解，他们就无法在实施过程中作出必要的明智决策，会导致系统实施不到位或错误。对实施团队成员的培训不仅应该关注他们所负责的具体领域，还应包括与其直接领域上下游紧密相关的功能的培训，因为一个团队作出的实施决策会对其周围的团队产生影响。对实施团队的培训应该深入教授系统的所有功能和流程，以确保团队了解系统所有的功能。一旦团队完全理解系统的细节，包括他们可用的不同流程选项，他们应该花时间输入和测试反映客户日常业务需求的实际业务场景。在这个培训过程中，团队可以开始将其业务流程与系统功能进行匹配。

- 用户培训

  在系统投入生产之前，系统的非实施团队的用户必须接受全面的培训，了解系统的使用方法以及他们对系统的责任。经验告诉我们，如果没有足够的培训，用户对系统的不满可能会增加，最终导致新系统的失败。用户培训应结合对系统功能的指导以及客户使用的特定业务流程和工作流程。最理想的情况是，在系统开始并行使用之前，非实施团队的用户应接受培训，以确保他们在被其他业务优先事项抢走注意力之前将所学知识应用到实践中去。

* 超级用户培训

　　每个组织应该至少有两个超级用户，这些人完全掌握系统的所有方面，并完全了解系统在组织内的使用方式。通常，超级用户应该是实施团队成员，并且应该接受系统的所有方面的培训，而不仅仅局限于日常用户的职责所涉及的领域。

业务

业务实施活动涉及数据配置、建模、测试等环节，以及建立与新装系统使用相匹配的相关流程。

* 定义系统所需的数据元素

　　每个CTRM系统都需要建立或命名许多可用的数据元素或字段，包括定义交易类型（如现货交易等）、合同类型（双边、销售、采购等）、交易对手类型、联系人类型等。最终，这些元素的定义将取决于客户使用的术语和流程。这些元素是数据层次结构中的最低层级，因此，在生产环境中使用系统之前，确保它们正确无误是非常重要的。很少有CTRM产品允许用户在使用后更改这些元素。例如，如果将交易类型定义为"现货"，并使用该交易类型记录交易，那么就无法在全局层级将"现货"更改为"短期"，而必须在单个交易层级进行更改。所以，在将这些元素提交给系统之前，务必仔细考虑它们的定义。

• 数据收集

　　业务实施团队将负责数据收集和清理工作。团队将收集所有交易对手合同，包括营销协议、服务协议、位置信息（管道、电网、节点、计量仪等的位置）和会计数据（总账科目等）。这些数据的来源当然会因客户而异，并取决于之前使用的各种记录系统。这些系统可能是先前部署的CTRM系统，也可能是纸质记录。

• 数据清理

　　在收集和整理数据之后，团队需要确保数据准确无误、及时更新，并且以符合新系统要求的格式呈现。

• 数据加载

　　数据可以通过两种方法加载到新系统中：自动程序加载或手动输入方式。选择使用哪种方法将取决于多个因素，包括数据的来源和性质（纸质或电子）、数据的量（合同数量、成交情况等）以及人员的技能水平和可用性。加载完成后，需要对数据的准确性和完整性进行审查。

• 场景测试

　　在培训之后，实施团队应该做好充分准备，开始就如何使用系统作出初步决定。这些初步决定应该在初始数据加载后立即进行记录和测试。这些测试应该包括现有交易和潜在的新交易，尽管这些交易可能不常见，但预计在未来的某些时候会发生。此外，测试应该模拟完整的业务周期，也就是说，从一个业务月份开始，逐步添加交易，然后处理至会计结算。测试不仅应关注数据的采集，还应关注在实际使用中可能发生的流程交接。这也是开始决定如何构建和命名报告层级结构（如交易组、交易台、策略等）的时候。一旦场景已经输入并处理完毕，应对所有系统产品（报告、对账单、会计分录等）的正确性和完整性进行审查。

● 业务流程对齐

请不要将业务流程对齐与业务流程再造混淆。如上所述，场景测试不仅涉及对数据加载和数据配置的测试，还包括开始制定在引入任何新系统时所需的必要流程和流程接口变更，或者换句话说，就是工作流程的制定。虽然几乎市场上每个系统都会试图模拟与它们处理的各种商品和所服务的行业、市场相关的常见业务实践，但每个系统在数据采集并将其从一个责任域交接到另一个责任域方面都会有独特的要求。在培训结束后，实施团队成员应该对新系统的流程含义，以及其对现有流程的影响有一定的理解。利用这个初步的理解，团队应该着手定义与系统特定数据处理要求相关的角色和职责，比如：

·谁或什么角色应负责录入新合同或启用协议？

·谁将负责录入交易？是确认交易的交易员，还是由执行助理使用交易员的成交单据录入交易？

·当商品从一个职责范围转移到另一个职责范围时，例如天然气从墨西哥湾交易小组转移到东部交易小组，调度员或物流人员将如何在系统中相互协作？该如何管理这种移动，是将其作为一种公司内部转移还是将其视为一笔交易？如果该客户的交易小组之间独立核算损益，那这些操作影响就至关重要。

团队应当就这些流程和潜在问题进行讨论，并起草初步的流程或工作流程图。在场景测试阶段，团队应该测试这些流程图和假设，记录出现的问题，并探索替代方案。完成场景测试后，系统使用的新规则应该得到确立。这些新的规则中应包括一个系统安全管理计划，以明确谁或什么角色可以访问和查看、输入和删除或更新特定字段或屏幕的数据。

新系统需要为每个用户ID配置安全访问范围权限。在系统内部需要建立对查看屏幕的访问权限以及输入、更新或删除数据的权限，最终保证个人仅能访问完成其特定职责所需的范围。在实施过程中，在并行测试之前，不需要执行系统安全规则；然而，重要的是在并行测试之前建立并准备好启用这些规则。所有这些规则和流程在并行测试和生产使用中都应该被完整地记录和审查（由适当的管理和审计机构进行审核和批准）。

虽然业务流程对齐的活动仅限于解决系统的流程需求，并确保组织了解这些要求并能够满足它们，但有些公司可能还选择在实施过程中进行更广泛的业务流程再造（Business Process Reengineering, BPR）工作。BPA（Business Process Automation，业务流程自动化）和BPR之间的区别在于范围：BPA仅专注于由于使用新系统而需要进行的流程变更；BPR通常包含更广泛的活动，不仅关注新系统的影响，还关注几乎与组织相关的每个流程的效果和效率，包括管理程序、组织结构、企业流程接口、内部沟通，甚至可能涉及薪酬方案。由于BPR的范围广泛且可能引起大规模的流程变更，因此最好在CTRM系统实施之前或之后完成这些工作。

- 并行测试

在完成场景测试、用户培训，并获得与新系统相关的所有流程的批准后，客户应该开始在使用现有系统的基础上，并行使用一段时间新系统。这个时期对于成功使用系统至关重要，因为在这段时间里，工作流程和相关流程会变得更加稳定，用户不仅对于使用系统的能力感到更加自信，而且对系统管理业务也会更加适应。在并行使用期间，需要重复管理客户的业务，这意味着每笔交易都需要输入两次，并且需要将每个头寸或报告在新旧系统之间进行对账。显然，这对所有用户来说都是一个艰难的时期，也会给组织带来压力。然而，进行并行测试非常关键，因为在没有充分测试的情况下从一个系统切换到另一个系统可能会带来灾难性的后果。虽然通常建议并行期需要成功持续两个连续的会计期间，但由于涉及工作量和组织压力，很多公司选择将并行测试限制在一个会计期间内，可能只针对业务的一个具备代表性的独立子业务（例如一个或两个交易小组）进行测试。

- 用户验收/上线

　　并行测试的完成通常标志着"用户验收"，这表明系统已经成功实施。虽然这在某种程度上可能看起来是一种不必要的形式，但实际上它是一个重要的里程碑，表示用户已经表明愿意"拥有"该系统。这也可能是一个合同里程碑，决定了支付许可证或服务款项的条件。

技术和开发

随着网络交付解决方案的日益普及，向用户提供产品的方式也在不断变化。虽然在客户持有并运营的服务器上安装产品的本地部署方式仍然很常见，但如今越来越多的CTRM应用程序被安装或提供在远程服务器上，采用云托管方式或在多租户环境（供应商的所有客户都使用同一个应用程序）中部署。

如果应用程序要安装在本地服务器上，产品供应商或实施团队的技术人员应该对客户的技术基础设施进行全面评估（包括服务器的可用性和容量、网络配置和台式机），以确认环境与新系统产品的要求相符。在项目启动阶段之前，客户应该评估所选供应商对技术基础设施的要求，以确保在进行任何活动之前有足够的资源可用。

是否需要开发活动流取决于应用程序的适用性。在许多情况下，产品将被原封不动地部署和实施，这意味着不需要进行任何更改或添加。

然而，客户有时需要额外的功能来满足对产品未充分涵盖的独特业务活动或流程的需求，这在报告以及接口和集成方面尤为常见。

- 报告

当 CTRM 系统在 20 世纪 90 年代初期到中期首次商业化时，报告功能几乎是市场上每一个系统的主要短板。供应商试图通过与客户合作来解决这个问题，将客户开发的报告纳入产品流，并将其打包销售给新老客户。不幸的是，这会导致报告库数量庞大，但其中很少有适用于任何单个客户的报告；幸运的是，主要的 CTRM 供应商已经摒弃了试图预见每个客户需求的模式，而是将灵活报表工具打包在他们的系统中。这些工具可以让初学者通过由菜单驱动的界面来自定义报告，他们也可以保存报告，并根据需要重新运行。通过使用这些新的报告工具，供应商应该能够从这些报告工具可实现的角度来评估实施过程中用户所提出的任何报告需求。一些供应商实际上已经放弃了整合报告的尝试，而是允许用户配置类似 Excel 的数据屏幕视图，然后将信息导出为 CSV 文件。因为每个供应商的系统在处理报告和生成报告的方式或方法的组合上会有所不同。因此，在最初选择系统时，报告应是优先考虑的因素。

- 接口／集成

自从 CTRM 系统首次问世以来，这个领域已经取得了长足的进步。在数据传入与传出系统方面，云计算和基于 Web 的集成工具的出现使得供应商能够摆脱烦琐的批量文件传输。事实上，现在大多数供应商都支持 API 接口和 Web 集成方式，用于连接与 CTRM 系统相关的常用应用程序，例如美国洲际交易所（ICE）和一些价格数据源的接口程序。虽然许多供应商也提供 SAP 之类的 ERP 解决方案的 API 基础接口，但根据客户的 ERP 系统配置，开发这种接口所需的工作量不容小觑。事实上，为一个资产密集型、多商品交易的企业开发一个SAP接口可能需要几个月的设计和开发工作量，其中可能包括重要的数据转换，以使CTRM系统的可用数据与ERP解决方案所需的数据相匹配。

由于涉及定制CTRM功能的项目具有高度可变性（包括范围、复杂性和技术等方面），而且开发方法论也是一门独立的学科，我们在此不深入讨论。但是，无论以何种方式进行新功能的开发，将开发工作纳入项目计划并作为整体实施的重要组成部分是至关重要的。新开发的特性和功能必须在测试环境中完成，在进行单元测试、集成测试后，作为生产环境的一部分发布到项目的整体技术和业务基础设施中。

9.8　上线后支持

虽然不是所有CTRM解决方案的新客户都会使用"上线后支持"服务，但如果该项目很复杂，而且该客户公司有许多用户，除了用户培训外，大部分用户很少或根本没有参与实施，那么让供应商或咨询公司在上线后继续提供一名或多名人员进行现场支持或按需支持，有助于确保系统的长期成功。这种类型的支持可以持续一个月或更长时间，直到最终切换完成。这种类型的支持对于解决用户在日常执行或完成月度任务时的问题特别有用，甚至可以调试在使用系统一两个月后可能出现的任何集成问题。

9.9　关于固定价格实施的简单探讨

往往购买新的CTRM系统的公司会坚持要求供应商或第三方顾问提供

固定成本报价的实施服务，这意味着这些供应商会在项目期限内提供一定数量的顾问资源，不论最终完成项目所需的时间多少（只要在规定范围以内）买方都只需支付最初协商的价格。这种协议对于买方来说自然很有吸引力，因为他们可以控制自己的成本风险。此外，许多买家认为这种协议会激励供应商或顾问加快实施项目，毕竟，如果他们提前完成，双方都会受益。然而，经验告诉我们，固定价格实施协议也会存在一些问题。

为了准确计算实施的价格，供应商必须拟定一个非常详尽的项目计划，列出每一项任务和活动。根据这个计划，供应商可以估算他们的人力资源所需的时间（加上一些应急时间），并将这些时间转化为成本，从而得出他们认为可以交付的项目的价格。这个项目计划会成为项目期间所有交付物的基础，在没有任何大规模的变更控制的情况下，不允许任何偏离。然而，由于 CTRM 产品的复杂性和大宗商品交易业务的特性，实施往往无法如最初设想和计划的那样顺利进行。客户资源可能会出现问题，例如关键用户由于紧急的业务发展需求或只是因疾病无法参与。在计划过程中描述的业务流程可能因为顾问和客户之间在沟通上的误解而没有被准确地反映，导致大量的分析和重新规划。在定制报告时更改或增加一个字段看似简单，却可能需要大规模的代码重写。在这些情况下，固定价格的项目就需要供应商和客户就这些更改进行协商、记录和定价，可能还需要修改项目计划和里程碑日期。虽然良好的变更控制流程理论上应该能处理此类问题，但经验告诉我们，此类协商可能会非常棘手且耗时。最终，固定价格的实施会需要更多的项目管理工作，而且更有可能使供应商和客户之间演变为明显的对抗关系。鉴于双方在商业上的依赖和在实施风险方面建立的合作关系，限制实施中的风险并制定一个能促进伙伴关系而不是对抗关系的协议无疑是更明智的选择。

·10·

CTRM软件的支持与运维

一般来说，CTRM软件安装完毕后，对于客户来说最重要的是运维支持服务协议以及买方所选择的供应商履行该协议的能力。大宗商品行业的快速变化意味着，除非供应商定期通过升级为软件增添新功能，否则该软件可能寿命不长。在传统的软件许可和本地部署模式下，软件的支持，包括问题解决、Bug缺陷修复以及维护，如定期升级更新等，都是运维支持服务的核心内容。然而，随着云服务和SaaS的普及，获取商业软件的方式也出现了变化，比如订阅和租赁。在这种情况下，运维可能是订阅、租赁协议或服务等级协议的一部分，其内容可能与传统的本地部署方式类似，但服务交付方式完全不同。

在传统的本地部署套装软件模式下，每年的运维支持服务费大概会占到软件许可费的15%到28%，通常为每年约20%（可能会根据通胀因素有所上涨）。只要客户使用的是较新版本的软件，该笔费用就会涵盖系统标准升级和日常运维的成本。运维支持服务协议通常会明确，比当前版本早几期发布的版本可以得到支持。因此，与供应商的实际发布进度保持同步就显得尤为重要。如今，软件订阅或租赁协议的支持部分可能已包含在订阅或租赁费用内，额外的运维服务才可能需要额外收费。

供应商的标准运维支持服务协议或等效文件应该包含在买方选型过程中审查过的文件包里，也可能在合同谈判期间已经进行了定制。现场支持的负责人对这一份关键文件必须了如指掌。至少在这份文件中应该明确供应商对软件提供适当支持服务的条款和条件，包括：

- 在协议有效期内能够免费升级软件的能力。
- 对软件问题或Bug的定义，包括严重程度的定义。
- 如何报告软件问题。

- 软件问题将如何解决，以及解决的时间范围。
- 如何追踪用户所报告问题的处理进度。

10.1 软件升级

第三方的CTRM软件随着业务环境（新的工具、新的规则、新的法规等）的快速变化而迅速发展。与此同时，为吸引新客户、进军新的细分业务或地域市场，以及维持现有客户的满意度，供应商持续推出新功能，CTRM软件亦在不断变革。一家CTRM软件供应商可能每年会有4—6次，有时甚至更多次的软件更新发布，这些发布涵盖已报告的软件漏洞和问题的修复，以及新功能的增添。

对用户而言，在短时间内快速发布的新版本软件或许是一种繁重负担。供应商的发布计划通常包含每年一次大的版本更新（包括外观、架构、配置和大量新功能方面的实质性变化）和一些小的版本更新（通常为软件修复）。由于用户有义务按照供应商的发布计划来执行运维支持服务协议，这可能意味着大量的额外工作。

在过去，质量不佳也是CTRM软件面临的一个严重问题。一方面是因为功能的快速变化；另一方面是由于许多CTRM供应商规模较小、资源有限，有时可能会出现软件测试不足的问题。因此，有些用户为了避免将新的Bug引入其生产系统和业务环境，通常不愿意配合供应商的版本更新计划，并且时常滞后于多个新版本的发布更新。实际上，如果用户在版本上落后太多就会出现支持问题，用户经常发现即使已经有了运维支持服务协议，自己依然需要支付额外的费用进行定制支持。近年来，CTRM软件的整体质量已大幅提高。尽管如此，如果用户在实施升级方面落后过多，依然可能出现此类问题。

用户还必须维护除了生产环境之外的多个环境，以对供应商发布的升级进行测试。不对升级进行测试既不明智、风险又极高：无论供应商在测试上付诸了多少努力，每个用户的业务特性以及软件的使用方式都会有其独特之处，因此供应商无法对其进行充分的测试。

在硬件方面，维护生产环境和多个测试环境或许会产生高昂的成本；同样，持续测试新的软件版本也可能带来高昂的人力成本。这需要数据和用户来检验软件是否如宣传的那般运行，并且能否继续满足业务需求。此类成本往往被忽视，但在筹备采购CTRM软件的预算时，应该将这些因素考虑在内。

另一个需要明晰的问题是关于供应商专门为客户开发或者实际由客户自行开发的定制软件部分，比如客户可能是为了让CTRM软件与企业中的其他软件对接从而进行部分开发。在后一种情形下（自开发定制），此定制部分不大可能包含在供应商的任何运维支持服务协议中，因此需要（客户）内部维护，这进一步增加了成本；在前一种情形下（供应商定制），明智之举是检查定制软件是否包含在供应商的运维支持服务协议中，（如果没有包含）可能需要支付额外的支持费用，让供应商支持其交付的定制部分。然而，定制软件组件的真正难题在于，供应商的后续升级是否仍然可以与定制软件部分集成。这是必须与供应商商讨的问题。

尽管运维支持服务协议可能涵盖供应商提供的免费软件升级，但用户应考虑跟上供应商发布计划所需的相关费用，以及落后于供应商发布计划可能带来的后果。

当然，在云服务环境中的运维支持服务就大不相同了。基本上，运维支持服务可能会作为服务级别协议（SLA）的一部分被覆盖，大大减轻用户的负担。在此情形下，供应商通常会管控升级的时机，确保这些升级在不干扰用户业务的情况下进行。同时，由供应商负责对软件进行充分测试的工作。但我们认为用户应该与供应商商讨这个问题，决定是否需要对某些业务场景或功能进行增量测试。

10.2　问题处理

运维支持服务协议会明确供应商提供支持服务的具体方式。通常，根据问题的严重程度，软件问题会被分级处理，协议会明确分级和解决问题的具体标准。一般而言，协议会将问题划分为"紧急"（这类问题需要立刻解决，比如在24小时内）、"重大"（需要在一段时间内解决），以及"常规"（解决周期可以相对较长）。协议还会指定用户向供应商报告问题的程序，并明确协议覆盖的问题类型。如果经查证，软件问题系用户使用软件不当所致，那么此类问题基本上不会包含在协议范围内。协议还有可能明确用户向供应商提出优化或变更请求的流程。

"紧急"级别的软件问题是指会导致用户无法进行业务操作、对业务造成严重干扰的问题。此类问题需要供应商立即解决，协议中应该明确对应的定义标准。

当报告软件问题时，用户会按照协议中规定的流程操作。通常，这涉及提交关于问题特征的详细信息，包括所有的错误信息打印输出、数据打印输出，以及供应商尝试复现问题所需的充足信息。供应商会确认收到问题报告，并为其分配一个标识符和严重程度等级，以此来明确预期的解决时间。供应商还会定期更新为用户解决的所有问题的状态报告，包括问题的进展以及解决方案的交付方式。在某些情况下，供应商可能需要更多的信息，例如需要访问用户的系统来重现问题。

供应商经常会发现此类问题实际上可能只是由系统特性或者用户误操作导致。由于CTRM软件功能复杂且强大，用户往往容易误以为自己遇到了问题，实际上可能并非如此。如果用户报告的用户误操作类型的问题过多，供应商可能会建议用户接受更多培训。有时候，看似软件出现了问题，实际上只是软件在按照预设的方式工作，这时用户就需要考虑是否向供应商提出优化请求，以调整软件的相关功能（详见下文）。

虽然"紧急"级别的问题会尽快得到处理，但其他非紧急问题和软件漏洞会由供应商修复后，在后续的软件发布中以"修复Bug"的版本更新或作为计划升级的一部分包含进来。

如上所述，一些报告的问题可能会导致额外费用，尤其是当问题是由用户错误造成的，比如以不当的方式直接操作数据库。由于问题是由用户造成的，所以修复费用会按照运维支持服务协议中规定的支持费率收取。

10.3　功能优化请求

一些用户反馈的问题有可能会转化为功能优化的请求。在此情况下，供应商的运维支持服务协议应该明确规定如何创建功能优化请求，以及用户和供应商应该如何处理这些请求的流程。通常的操作步骤可能包括供应商和用户双方均认为需要进行功能优化，继而明确这些优化请求并对它们的优先级进行排序。与问题报告类似，功能优化请求的优先级也将根据某些已定义的标准进行排序。

接下来的步骤通常为供应商为该功能优化提供报价、与用户达成一致并经用户方批准。然后，供应商拟定规格说明、安排开发，并发布该项功能优化请求。有时运维支持服务协议会包括部分有限的免费优化项目，但这种情况并不常见。如果供应商认为这个优化对其产品非常重要，或者已经计划进行此类优化，又或者有其他用户提出了同样的优化请求，在这些情况下，费用可以进行协商。

有时，供应商可能设置特定的用户群组，通过支付年费或者免费的方式提供开发服务。常见的优化请求可以通过这个用户群组提出，用户群组可用的开发时间可以被定向使用。

10.4　用户内部支持

供应商的运维和支持计划可能会规定，用户需遵循一套获取支持的程序，其中可能包含如何使用用户内部技术支持团队。这是一种明智且可以降低成本的方法，可以有效防止用户滥用运维支持体系。通常情况下，用户自身的问题、漏洞以及可能的优化需求，首先会由用户的内部技术支持团队接手。在通过规定的途径、流程和表单向供应商报告问题之前，内部技术支持团队会确认这个问题并非与本地技术环境或用户操作错误等因素相关。

借助内部技术支持团队，用户可以避免额外的费用，同时在使用软件时得到有力的本地支持。此外，用户的技术支持团队还可以规划和执行软件的升级、测试和培训，同时确保其他项目的正常运行，例如灾难备份和恢复服务、支持定制化软件和接口等。

10.5　本章总结

运维支持服务协议是一份关键的协议，用户理应对其具备正确的认知，但它并非"万能良药"。提供正规支持需要大量资金和专职人员，通常来说，为CTRM软件提供正规支持，不仅需要筹备内部支持人员和设备的相关预算，还需要给供应商支付年度运维支持服务费用。最后需要注意的是，除非是定制化的软件，否则供应商不会为过于老旧的软件版本提供支持，所以紧跟供应商发布计划至关重要；但在SaaS环境中，这种负担就变得微不足道，因为供应商每年都会在后台多次实施软件升级。

·11·

CTRM 系统的未来

在思索CTRM软件未来的发展走向时，从两个层面进行考量颇具效用——技术的演进和这些解决方案所牵涉的大宗商品市场的发展。

鉴于CTRM解决方案对采集、管理和估值商业化的大宗商品交易至关重要，CTRM系统必须反映其所服务的市场。我们首先来看持续演变的大宗商品市场。

11.1　市场演进及其对CTRM的影响

纵观各异的大宗商品市场演进历程，全球电力市场仍然是最具活力和最为复杂的市场。伴随着全球各地区由碳氢化合物向可再生能源发电的能源转型持续推进，政府需要对新基础设施和新技术进行大量投资，以管理发电产出及其日益加剧的价格波动性。

市场规模会继续扩大，5分钟交易市场将继续蓬勃发展，以确保电网稳定和资源的高效利用。这将进一步推动算法和自动交易解决方案的采用，同时需要利用高速和高效的方式处理增加的数据量。电力调度领域也将受到影响。

我们预计市场上将出现分布式发电设施的新优化工具，其中包括大规模电池装置的商业化。分布式能源（特别是屋顶太阳能）的合并，以及随之而来的并网、管理和商业化活动，可能会带来新的市场复杂性和可交易的产品。事实上，市场机遇很有可能在分销端以交易应用程序的形式出现，甚至可能基于区块链。当然，随着电动汽车数量的增长，我们在聚合电池存储选项、分销侧交易、聚合等方面也可能会出现诸多创新，尤其当其他智能设备进入市场时，这些创新可能会有量级的增加。自动化、优化和可扩展性等问题可能会推动该领域软件解决方案的创新。

即便如此，工业化国家的电力市场仍将朝着相同的方向发展，基于不同公用事业公司的发展历史、资产基础和监管机构覆盖范围的区域差异将继续存在，市场特定的软件解决方案作为市场常态也将持续存在。所使用的软件工具只需要在可行的情况下更加智能、更快、更直观地实现自动化。

虽然"碳氢化合物的消亡"已经成为媒体和某些人士的流行说法，但在未来几十年里根本不存在合理的方案支撑能源市场在不使用天然气的情况下正常运转。话虽如此，鉴于目前对天然气和石油的妖魔化，对这些商品的增量投资不太可能实现过去的基础设施的大量扩展（包括液化天然气进出口的发展），随着时间推移，任何市场开发或商业流程上的重大变化都不太可能发生。未来几十年，石油和天然气产品市场仍将是一个活跃的市场。但与天然气市场一样，这些均为成熟的市场，具有既定的流程，在未来可能会保持一定的静态。碳氢化合物商品的软件开发将聚焦于底层技术的升级，包括供应商持续投资以改进其解决方案的网络化和自动化程度。此外，除了CTRM核心流程之外，我们确信技术采购方将寻求从供应链和基础资产中削减成本的方法，人工智能驱动的优化工具技术的不断发展和成熟，可能会刺激对此类优化工具的新投资。

我们预计，煤炭于短中期内具备持续发展的前景。可再生能源的不可预测性以及储能能力的欠缺，意味着煤炭和褐煤从能源结构中消失的时间有所延迟，故而煤炭即便在西方国家也仍有发展空间。在西方以外的亚洲地区，资本并不太受到具备政治动机的各类力量的限制，煤炭可能在未来很长一段时间内仍然是能源市场的组成部分，因此市场需要以煤炭为导向的解决方案，而且如果解决方案具有足够的成本效益以实现在亚洲市场的部署，那么很可能在短期内实现蓬勃发展。

食品类大宗商品贸易将继续发展，特别是在亚太市场，随着人口的增长以及中产阶级的增多，市场上会出现对来自谷物、豆类等大宗农产品的更加优质的食物产品的需求。虽然大部分食品商品的供应链呈区域化，但全球贸易将继续扩大，提高食品安全等合规性要求必然会增加市场上对具备分布式账本功能、可追溯的解决方案的需求。然而，如果极端天气、地缘政治事件频繁发生，产量和中断问题或将随之而来，加剧价格波动，此时便需要 CM 和 CTRM 系统提供积极的风险管理能力。供应链管理和优化可能会愈发受到重视，这就需要更好地优化运输，更加注重整个过程中工作流程的整合、文件管理和审计。

在金属市场，特别是在为电力系统和电池提供金属的诸如锂、钴、镍和铜等市场中，相关需求量将大幅增加。同时，对应的市场参与者数量和交易策略的复杂程度也将随之增加。这将推动对金属交易系统的额外需求。与农产品市场相同，服务于这些市场的 CTRM 系统需要不断改进其风险管理能力、优化和追溯能力，在面对冲突矿产、童工等问题时更是如此。

鉴于诸如锂、铜等各种金属的生产端和潜在消费端之间日益凸显的不匹配问题，我们可以预期价格的上涨和波动性的加剧。金属的稀缺性以及由此产生的额外成本，致使电动汽车等物品的价格变得异常昂贵，这可能会导致未来需求的减少。这也会促使金属行业采用风险管理软件以及侧重供应链的大宗商品管理软件。市场可能对潜在欺诈行为更加审慎，更多的托管转移和所有权验证可能成为推动该领域软件相关功能升级的驱动因素。

ESG 法规的影响力跨越全部大宗商品品种市场，在全世界范围内不断增强。欧洲在实施碳排放的跟踪和成本计算方面一直处在领先地位，美国紧随其后（虽然更多的是在区域层面）。尽管亚太大部分地区尚未将 ESG 视为首要任务，鉴于全球市场的相互关联性，进出亚太地区的贸易流在未来的某个时刻将不可避免地受到碳排放和其他环境法规的影响。

碳排放作为大多数司法管辖区域的重点，相关法规将强制要求对所有排放进行广泛的核算和估值。尽管没有单一的市场能够在全球范围内对这些排放进行核算和估值，但是参与全球大宗商品贸易的各个公司需要制订相应的流程，并配备对应的系统，以量化、估值和管理符合业务所在市场相关排放要求的产品。由于大宗商品贸易公司业务所在的每一个司法管辖区都可能有其自身的测量和估值标准，因此可能会有相互冲突的要求，需要在商品跨市场流动时加以解决。

总体而言，我们预计大宗商品市场将继续快速发展，进程中或许会出现一些意外情况。用户将要求可扩展的、灵活的、能够随着他们的业务需求而发展并适应的解决方案。云部署和 SaaS 极有可能从这一趋势中受益。然而，如果遭遇拒绝服务攻击[①]和对软件勒索攻击并引发关注的事件频发，该趋势或许会被抑制，大宗商品贸易公司肯定会加强对系统安全和备份的重视。

我们预计，优化分析功能有助于彰显更契合用户业务的风险管理能力。增强的风险复杂性也将意味着压力测试和投资组合敏感性分析可能会盛行，于政治风险管理方面尤为明显。一切皆在趋于政治化，包括原材料的供应和流动。系统的风险聚合能力可能会得到更多关注。

11.2 技术和 CTRM 系统的未来

就技术层面而言，CTRM/ETRM 软件已在市场上存在二十余载，而且在此期间并未发生实质性变化。软件的主要功能仍然是采集、估值、计算头寸、（有时）采集物流成本、计算库存和结算交易。虽然系统内的交易量和需要处理的数据量很大，尤其对大型投资组合进行估值时更是如此，但是该软件的底层技术非常直观，仅仅是与数学相结合的数据处理和存储技术。

---

① 拒绝服务攻击是一种网络攻击手段，通过给服务器发送大量请求来阻止对资源的合法使用。——译者注

尽管如此，云技术的出现使软件的交付方式发生了显著的变化，提高了系统和数据访问能力、处理速度和计算效率。

在访问方面，云计算能够合并多个关键任务解决方案、实现远程访问，消除对昂贵的现场数据中心的需求，作为更高效的解决方案被多数公司广泛接纳。此外，诸多较新的云解决方案供应商通常会为其解决方案配置丰富的RESTful API，以改进对系统内部数据和信息的访问。

如前所述，并非所有供应商和传统系统都能充分利用全新的云技术，但其中多数都以此为目标。市场明确表示对此类技术的偏好，从这一点可预见其未来发展的趋势。

更具体地来看CTRM系统的能力，在这一点上，它仍被认为是一种跨功能和覆盖多商品品种的混合体。凭借其产品成熟度，传统解决方案拥有着丰富的功能，但没有充分利用诸如多租户、可扩展性等云技术功能。然而随着供应商不断扩大市场和商品覆盖范围，云解决方案还是得到了一些进展。未来的问题是，对于旧的解决方案，供应商是否能够完全将其系统云化，并将其丰富的功能转化到新的平台？或者云原生供应商是否能够不断扩大其功能范围，并从这些传统供应商那里夺取大量的市场份额？

我们还应该考虑新兴云原生供应商在应对更广泛市场时的策略和方法。正如在本书中提到的，买家逐渐不再使用极为广泛和深入的整体解决方案。过去我们看到买方通过最佳应用程序集来满足特定业务部门或交易小组的需求，将各数据松散地集成到提供支持的CTRM等其他系统的更大体系架构中。这种方法所面临的挑战是，在系统更新和数据连接断开的情况下，如何为构成最佳应用程序集架构的各个系统离散的集成点提供运维。然而，随着供应商运维的设计良好、功能丰富的API与网络集成技术相结合，成功为客户赋能，提供了最适合客户业务的，能够处理多商品品种、市场、资产或交易策略等独特需求的解决方案。

我们预计，由大型传统解决方案牵头的功能解聚趋势将持续存在。

随着市场发展速度不断加快，通过更加模块化的方法来实现基于网络的封装和系统交付的需求将增加。如果供应商提供"混搭"的软件混合交付模式，客户可以只选择适用于他们需求的离散组件，这也能给供应商带来竞争优势。

用户与CTRM系统的交互方式很难有大的变化。借助于网络技术，各细分市场仍然需要移动计算，尤其是在天然气和电力等需要全天候市场交互的领域。一些供应商已经尝试用语音识别和虚拟现实等技术来采集系统中的数据，但最终都未被市场接纳。尽管专家正在继续改进人机界面，采用以消费者为导向的诸如移动端应用程序等解决方案互动方式，但涉及与大宗商品交易、物流、多主体相关的数据的采集，更加传统的类似电子表格的界面仍然最有效。事实上，大多数CTRM解决方案在数据/交易采集、物流、头寸管理和报告等大部分或全部的系统流程中已经采用了类似的界面。

除了CTRM的核心功能，其他技术或许也能够塑造大宗商品交易市场的未来。

在过去的5—10年间，区块链及其相关的分布式账本技术未能发挥出许多人翘首期盼的作用，虽然在可追溯性和托管转移等领域仍然具有价值，但是在天然气和电力等传统交易市场中似乎越来越难取得重大突破。尽管如此，依赖分布式账本技术的智能合约似乎是一个非常可行的解决方案，极有可能提高多数商品市场结算过程的及时性和准确性。除了分布式账本技术，提供更为常规的确认、发票和结算功能的相关技术也逐渐获得认可，特别是在欧洲，我们预计像Fidectus和Cleardox这类供应商将赢得更多的客户和市场影响力。

如前所述，针对人工智能技术和解决方案的投资在增加，随着市场的快速发展和地理覆盖范围的扩大，这些解决方案有望解决交易商面临的诸多棘手问题。例如，对发电资产进行更接近实时的优化，改善非流动性市场的价格预测，通过充分利用轮船、火车、卡车等交通设施，更有效地规划商品运输路线以减少燃料消耗、排放与成本。我们还预计常规交易处理的自动化程度将会提高，能够提取有问题的交易和异常情况以便进行人工审查。

11.3　合并与收购

我们预计在CTRM和相关软件领域的合并与收购活动将继续活跃。目前仍有部分企业在积极开展收购，同时投资者也乐意对各类解决方案、技术和供应商进行投资。然而，我们也预计会有更多的新进入者以不同的方法和概念来挑战市场动态，借助市场需求变化赢得市场份额。随着老旧且不够灵活的单一解决方案被新技术所取代，我们预计市场上将出现更大规模的更新换代，尤其是在北美和欧洲。

11.4　本章总结

正如本书所展示的那样，CTRM系统和相关软件是复杂而独特的。回顾CTRM系统发展历程，我们不难察觉，在市场快速增长阶段中总穿插着一段因业务或技术变革导致的增长曲线错位，为一些供应商创造新机遇的同时，也限制一些供应商的进一步成长。此亦致使CTRM软件领域持续保持活力，供应商和产品的数量逾百家之多。随着大宗商品行业的不断演进以及周期性的骤变，此类动态似乎不会发生任何改变。简而言之，即使处在因市场变化而收缩的时期，我们预计CTRM系统和相关软件市场总体上将继续增长。市场上也将会出现新的供应商和新的解决方案，继续挑战现有局面。只要人类对原材料存有需求并且希望运输和交易这些原材料，CTRM系统和相关软件市场就会保持活跃并不断发展。

供应商都去哪了？

大卫·迈尔斯（David Meyers），ENUIT

设想这样一个情形，在不远的将来，你在当地杂货店的过道上推着一辆购物车，手里拿着一张你的配偶要求你在下班回家的路上购买的杂货清单。你仔细阅读货架上与清单相对应的不同的产品和品牌。当你第三次驻足准备拿起你需要的物品时，你发现清单上的品牌不在货架上。

也许，你径直从它身边走过了，没有看到。你仔细检查货架上的全部品牌，从上到下，从左到右。你不可置信地再翻货架，试图寻找你要的品牌已经被卖空的证据，但是货架看起来很满，没有空置的部分。

"不对呀，这里应该有我要的东西，我要的那个品牌就应该在这里。"你研究相邻的货架上的每一个标签，但它就是不在那里。"奇怪了，难道我上次不是在这里买的？"你不由自主地伸出手，指着货架问自己，"上次不就是在这里买的吗？"

这时，一个店员刚好走过，你拦住他并询问在哪个货架上可以找到你要的品牌。店员扫视一下货架，他也不确定。他认为如果货架上没有对应的品牌，那么很可能店里已经不卖这个品牌了。失望之余，你会选择另一个品牌，并希望你的配偶会对你的选择感到满意。

A.1 供应商为什么会消失？

应用软件市场就像是一个杂货店，销售多种具有不同形状、规格和成本的品牌和产品。一些品牌似乎有长盛不衰的能力，一些品牌似乎一夜之间就消失不见。比如微软、甲骨文等这样的大品牌不太可能很快消失。

一些品牌在大家真正了解它们之前就已经消失了。

"这些品牌发生了什么？"你可能会问自己。它们为什么会消失？它们是如何消失的？

与微软 Office 等面向大众、更大、更广泛的软件产品市场不同的是，CTRM/ETRM 面向一个高度细分的应用软件市场。

从历史的角度来看，CTRM/ETRM 软件供应商通常因以下几点原因而消失。

破产

公司财务管理不当可能是品牌消失最常见的原因。过多的债务、过度扩张的信贷额度、入不敷出、过于雄心勃勃的产品发布期限、客户不健康的付款周期、资金耗尽等。我们永远不可能知道有多少个软件供应商在建立强大的品牌知名度之前就已经倒下了。

合并

合并的原因有很多，但是多数情况下财务原因是其中最主要的原因。比如有些合并是为了降低成本的同时提高收入，也有的是为了获得专业知识，增加合同客户群，扩大产品线的广度，等等。无论是横向还是纵向买断，其对应的术语是供应链整合。

横向整合是指收购生产类似产品的资产。比如，两家运动鞋制造商的合并就是横向整合。房地产应用程序 Zillow 的母公司收购其竞品 Trulia

也是横向整合。

垂直整合是指在同一个供应链的上游或下游购买资产。化肥厂购买天然气井作为其原料来源就是典型的例子。

ION 试图通过收购 TriplePoint、Allegro Development Corporation、OpenLink Financial 和 Aspect Enterprise 等软件供应商进行横向整合。Ventex、SunGard Energy Systems 和 Caminus 都收购了与其有竞争关系的软件供应商。

几年前，ABB 因为对 Ventex 的一个软件产品感兴趣就收购了整个公司。Ventex 的其他软件产品最终被搁置或者出售。ABB 希望通过收购软件以某种方式扩展其产品线，这属于垂直整合。

在 CTRM/ETRM 软件行业，包括上述公司在内的许多公司都试图通过收购竞争对手来进行横向整合，被收购的软件通常与自家产品高度重叠。但是根据已知的案例，横向整合策略都没有成功。

而且，没有成功的理由很充分：内部对如何营销和销售相互竞争的品牌感到困惑，客户对哪种产品最适合他们的需求感到困惑，不同产品的优缺点对比容易引发内讧、重复开发、服务台和专业服务成本增加等问题。当然，除了上述原因还有其他诸多因素，不再一一赘述。

当具备相互兼容且互补的特性和功能的不同软件之间存在真正的、可衡量的协同作用时，软件和服务的垂直整合就能很好地发挥作用。

陈旧的技术

任何应用软件如果跟不上技术发展速度，总有一天会被其他与时俱进的软件夺去市场份额。操作系统和技术堆栈在不断发展变化，围绕旧技术构建的软件无法在新的操作系统中部署，客户也不会为过时的软件买单。

不久前企业还在纷纷投资大型计算机和应用程序。随后出现的小型机也很受欢迎，但是随着个人电脑带来的众多便利，小型机也很快被淘汰。文件共享需求催生了局域网，数据共享需求催生了C/S架构应用程序。随后出现的由网络服务支持的N层应用程序架构也很快被互联网应用所取代。现在流行基于网络浏览器的用户界面，搭建在由RESTful API包围的微服务架构之上，由消息传递系统提供支持。

技术变革缩短了许多软件应用程序的寿命，打破了市场进入壁垒，允许新的入局者参与竞争。没有技术的发展，这一切都不可能发生。在软件采购决策中，产品功能的深度和广度通常要优先于技术，但是在某些情况下先进的技术胜过任何功能上的优势。

产品特性和品牌效应

软件客户购买的是价值。价值可以被定义为产品功能的丰富性以及产品的品牌价值与购买成本的对比。其中只有购买成本是确定的，所以这种价值评估非常主观。

价值由每一个评估软件的人决定，而每一个人都从各自的角度出发衡量价值。衡量的维度可以是该软件可以节省多少人力或时间以便把资源投入到价值更高的活动中，也可以是其能否满足监管要求。

如果已知一个软件产品的功能比另一个产品少一点，该产品的潜在客户数量就会受到限制。但在客户对此未知情的情况下，他们仍有可能对该产品感兴趣。这类产品的价格总在下降，以增加产品价值和市场份额。

当产品技术不再影响购买决策时，能够满足最低限度的应用和功能要求的更高价值产品将更容易赢得新客户青睐。通常情况下，更知名的品牌被认定为更加安全，不太知名的品牌会受到排挤。

第三方偏见

在CTRM/ETRM行业有一群有影响力的人，他们被称为软件选型顾问，经常被邀请来主导产品的选型活动。

此类专家团队可能受雇于大大小小的咨询机构和专门从事软件实施服务的系统集成公司。其中有些专家可能曾在软件供应商公司任职，有些专家从大学毕业走进该行业后就在持续积累相关经验。无论如何，专家团队都是由具备丰富的CTRM/ETRM软件经验的人员组成的，往往具有广泛的行业或业务专长。

但是专家团队必然倾向于使用他们对其具有一定知识和经验的应用软件，自然会向客户推荐他们更了解的软件产品，这些深厚的专业知识也可以为部署和实施提供增值服务。

由于第三方业务顾问不了解一些较新的软件品牌，他们在软件选型竞标中处于严重的劣势地位。这些品牌接触潜在客户的机会受限，有时甚至可能会因此而破产。

资金

企业资本结构很少被看作可能导致品牌消失的原因，但实际上对品牌的寿命有不容忽视的影响。资金可以分为三种：汗水、债务和股权。

此处的汗水指的是创业者为建立企业所做的努力。创业者往往只拿很少的工资，有时甚至都不拿。他们的工作时间很长，而且他们所花费的时间和精力最终能否带来回报都是个未知数。

债务融资有多种形式，其中最常见的是信用额度类和银行的商业贷款。跟家庭成员或朋友借的贷款可能比银行的商业贷款在还款方面会更加灵活。但无论如何，欠债终归要还的。

如果债务被用来产生即时的现金流收入，那么这种融资来源非常理想。贷款可以快速偿还，而且企业主无需放弃公司的任何股权份额，这也是债务融资相比股权融资的主要优势。

一旦公司达到了一定的收入水平，股权融资就会变成非常常见的资金来源。从本质上讲，企业主将一定比例的公司股份给投资人以换取现金，企业主可以选择将现金存入个人银行账户，或用于资助公司的项目。

风险投资、成长权益和私募股权都是股权融资的方式。股权公司有不同的规模和形态，都有其各自目标和目的，并不具备统一的标准。因此，如果以偏概全地认为所有的股权公司都倾向于以同样的方式工作，就会容易引起对那些采取与典型路径不同的路径的股权公司的误解。

如果要界定大概的范围，风险投资一般只投资价值500万—2500万美元之间的初创企业和一级投资机会。成长权益投资一般投资价值1500万—1亿美元的投资机会。私募股权投资价值5000万—7500万美元的投资机会。

股权公司从不同的资金来源获得资金，承诺实现对所获资金价值的增长，而且每年向资金来源支付10%—15%的资金服务费。他们需要在3—5年的时间内以原始金额的某一倍数将资金返还给资金来源。

股权公司如果要如约按规定倍数进行偿还就需要提高其投资价值。例如，今天1亿美元的投资，在3—5年内需要具备2亿美元的估值，而且需要在这个时间范围内找到以较高的估值购买此笔投资的买家。

在这种情况下，第二个买家需要再次提高投资的价值，并在随后的3—5年的时间内找到新的买家。假设现在的目标倍数是2，这项投资的价值估计为4亿美元。第三个买家购买了这项投资，然后再做同样的事情。最终，一项投资的价值可能被高估，而且通常情况下都会被高估，但仍被卖给第四个买家，新的买家需要在更高的投资范围内寻找投资。

但是第四位买家很快就会发现，这笔投资并不能实现预期的收益，收入可能不足以履行融资义务。这时，这位买家会怎么做？新的所有者就会做我们大多数人都选择做的事情，那就是尽可能多地从投资中获取最大价值。

在应用软件行业，如果收入不能快速增加，挖掘价值就意味着降低成本。股权公司高度依赖客户的忠诚度，把筹码押在客户能够持续支付的年度运维费或订阅费上，而且持续时间越长越好。因此，公司的收入是稳定的，降低成本就变成了增加利润的唯一途径。

那么如何降低成本呢？对软件供应商来说，最大的成本是薪资支出，即软件开发人员、服务台支持、专业服务、管理等相关费用，这些都是公司需要承担的工资成本。因此，为了从固定收益投资中提取价值，必须进行裁员。而随着员工被一起裁掉的也是此笔投资的命脉。

就软件供应商而言，公司主要收入来源于产品。然而，没有员工就无法实现产品的销售、运维支持或升级，这种产品也就会慢慢地被市场淘汰。

A.2　CTRM/ETRM 系统的历史

大宗商品交易业务软件市场是在 20 世纪 90 年代初期至中期才兴起的，当时 FERC 开始放宽对美国天然气业务的监管。在那之前，天然气管道公司属于公用事业，跨越州界的管道由 FERC 监管。

在放宽管制之前，天然气管道企业以商人的身份为市场服务，从天然气生产商处获得长期的天然气供应，再交付给不同市场的分销商。天然气市场相关管制解除后，管道企业被要求剥离商人的角色，只保留运输者的角色。

紧随着天然气管道网络管制的放宽，美国电网也迎来了管制的放宽。在 20 世纪 90 年代中后期，市场上涌现众多软件供应商，为新的宽松管制下的市场提供相应的解决方案。下面列举几家我熟悉的软件供应商及产品。不同的产品专注于能源商品交易业务的不同特定面。

OpenLink Financial

其产品最终以 Endur 这一名称被推向市场。Endur 为满足银行交易能源商品需求而建造，核心优势在于为大型金融机构跟踪和评估金融产品和衍生品，具备高速的系统处理能力。Endur 还为交易员提供量身定做的用户界面，能够很好地支持交易业务。

Altra Energy Technologies

其产品名为 GMS。该产品初期版本最重要的功能是使用管道电子公告板（Electronic Bulletin Board，EBB）接口将指定上传到天然气管道系统。早期的 EBB 并不是个便于使用的软件，而且依赖当时质量还较差的互联网，相比将数据一一输入 EBB，用户可以将指定输入 GMS 系统后实现所有指定的同时批量上传。后期也增加了与跟踪天然气的购买和销售相关的功能。但是不同于其常规的产品用途，GMS 作为管理管道指定和调度功能的软件被卖给了天然气管道公司。过了很长一段时间后，Altra Energy Technologies 被外汇交易公司 Caminus 收购，其产品 GMS 在被改装成兼容较新的技术栈期间暂称为 ETM。

TransEnergy Management

这家加拿大软件供应商以提供天然气营销和管道软件起家，实现了快速发展。随着能源市场的发展，其产品里也覆盖了电力。最终，它从高盛等投资者那里获得了大量的资金。企业创始人拿到这笔融资后退出了公司，董事会用行业人士取代了创始人并引入了其他高管，然而企业寻找并保持业务重点一直很吃力，最终不得不缩小规模。不久之后，TransEnergy Management 被卖给了 Altra Energy Technologies，投资者损失惨重。

Zai*Net Software

该软件重点关注天然气和电力交易的管理和估值，最终被 Caminus 收购。Caminus 是被私募股权基金收购的位于伦敦的咨询公司。

Caminus

得益于在放宽管制的欧洲市场拥有的广泛品牌知名度和关系网，Caminus 成功将 Zai*Net Software 产品推向欧洲市场，在行业内获得了成功。Caminus 是第一个也是唯一一个首次公开募股（IPO）的 CTRM/ETRM 供应商，是一家上市公司，直到后来被 SunGard Energy Systems 收购。

Nucleus

该产品的优势在于将天然气和电力相关的功能整合到统一的应用和报告系统中。值得一提的是，放宽管制的电力交易市场还没有出现独立系统运营商（Independent System Operator，ISO）之前，每个公用事业公司都直接与邻近的公用事业公司进行交易，Nucleus 就具备了强大的调度功能。

TriplePoint

TriplePoint 是第一家向非能源商品贸易提供支持的供应商。在被 ION 收购之前，TriplePoint 被认为是在大宗商品交易与风险管理软件市场排名前二、前三的供应商。

SolArc

其产品为 RightAngle。虽然在亚洲也有不少客户，但是其重点服务对象为美国原油和精炼产品。其主要优势体现在成本会计和物流方面。

Allegro Development Corporation

作为在20世纪90年代和21世纪初幸存下来的排名前二、前三的顶级供应商之一，Allegro Development Corporation 起初应用在美国的原油生产中。后来，Allegro Development Corporation 将产品重点转向了天然气和电力，并在美国和欧洲市场取得了巨大的成功。Allegro Development Corporation 最终被 ION 收购。

Woodlands Technology

Woodlands Technology 由 Monaco 向市场推出，专注于开发电力市场的 ETRM 解决方案。由于当时市场上蔓延着对领先供应商的不满情绪，Woodlands Technology 很快就迎来蓬勃发展，获得初期的成功，但最终被 New Energy Associates 收购。后来，New Energy Associates 被西门子收购，然后被 New Energy 收购，再被 Ventex 收购，最后在2010年被 ABB 收购。由于 ABB 收购 Ventex 是因为对其众多产品线中的一个感兴趣，Monaco 的产品最终被搁置，不再提供支持。

Pioneer

Pioneer 在 ETRM 领域开发了一个蓬勃发展的软件业务，涵盖碳排放、金融交易等广泛功能，所有这些功能都在云原生环境中构建。该公司后来被日立收购。

A.3　供应商尽职调查

为了避免选上"转瞬即逝"的软件供应商，我们在这里给客户提出一些选型指南。我们先看一个可靠的供应商应该具备的特点，然后我们再讨论如何评估一个软件应用程序。

一个可靠的供应商应该具备的特点

在供应商尽职调查中我们应该考虑以下几项特点。

所有权结构

在本篇关于资金的部分我们已经讨论过所有权结构的重要性以及相关的论证。我们不难预测，私人持有的供应商企业的企业主会寻找机会撤出他们的投资。

创业者喜欢创业，但当企业成立并开始全速运行，他们可能会寻求机会离开，因为持续3—5年的几轮投资也将随之而来。对于一个没有多少软件产品或只有一小部分市场份额的供应商来说，上市的可能性不大，但是我们也不能排除这种可能性。我们需要认真考虑所有权结构的影响。

财务状况

财务分析是大家熟知的过程。我们可以找到无数的比率和规则来评估一个公司的财务健康状况。一般来说，一个财务健康的公司都会有正的现金流并且每年都会有利润。我们应该看供应商的负债比率以确保公司能够履行其偿债义务，当公司的所有权结构包括股权融资时，股权融资义务也被包括在了其中。

供应商在客户中的口碑

获得客户对供应商的满意度相关信息有助于对供应商进行全面的了解。通常情况下，供应商会向潜在客户提供对供应商及其产品有一定经验的人的名单及联系信息。此时，在此基础上从不在名单上的个体处获得额外的反馈也是一个好主意。

我们应该确保推荐人使用供应商产品的方式或目的与潜在客户相同。

例如，一个炼油厂应该更加重视其他炼油厂的推荐。天然气产品的用户提供的参考资料对炼油厂来说不是很有用。

技术堆栈

技术堆栈是指用于开发和部署应用程序的一组软件工具。先进的技术都在不断发展变化，要跟上最新的应用程序开发方式很困难。现在，在撰写此文章时，基于浏览器的Web用户界面、微服务、消息架构和RESTful API等可以作为定义先进技术的术语。而Windows、.NET、C#、Java、JavaScript等术语则可以定义过去的技术堆栈。

在选择产品时我们常常需要在应用程序的功能深度和技术堆栈的重要性之间作权衡。如果不想花大钱去购买一个可能很快就会过时的老技术，我们可以证明应用程序的功能深度比其技术堆栈更重要。但是公司购买应用程序是为了规范和执行重要的业务功能，拥有最先进的技术堆栈的产品可能不具备公司所需的功能。

因此，购买决定将取决于旧技术供应商是否会在可预见的未来更新他们的技术堆栈；或者，功能深度较浅的先进技术供应商多久能够在其功能堆栈中增加重要的软件功能。

产品提供

功能堆栈是指应用程序的功能列表。在评估各类权衡和成本效益时，功能堆栈经常被拿来与技术堆栈比较。

公司开始寻找应用软件时，首先应该确定自己所需的功能，然后再去筛选相应的应用软件。客户所需的功能需求清单可以与每个候选应用软件所提供的功能清单进行比较。

如果一个产品是以需要整合多个单独产品的形式提供的，那么买方应该提高警惕。原本独立构建的软件之间的整合，类似于软件供应商的收购与合并，非常难以实现。产品间的接口总是在断裂，需要不断监视和人工干预。分散在不同的数据库中的数据会导致难以形成报告的难题。

供应商个性

就像任何其他的关系一样，供应商的个性是判断一个供应商是否会成为一个令人满意的商业伙伴非常重要的依据。反应灵敏、服务意识强、负责任，这些都是成功开展业务所需的品质。对良好的供应商关系真正的考验体现在供应商是如何对客户的非合同要求作出回应的。虽然合同义务决定与软件供应商关系的边界，但合作中良好的人际关系使整个过程变得愉快，合作关系也可能会持续很长时间。

A.4　评估软件的过程

选择像CTRM/ETRM这一类复杂的软件应用程序可能需要几个月的时间。虽然相互竞争的产品可能看起来都有类似的功能，但事实上每个应用程序都是以完全独特的方式实现的。

有些应用程序就是写得更好。数据库设计、编码标准、发布管理、产品导航和使用的便利性、报告、界面能力等在每个应用程序中都有独特的实现方式。

而且，我们无法完全确定供应商所说的产品功能覆盖度是否符合自己的期望。购者自慎或者买者自负应该是选择购买任何一种软件的指导原则。

以下几点措施可以确保软件客户在购买产品后获得更高的满意度。

核对需求清单

客户根据交易员、风险、信用、会计和运营等工作岗位分类准备功能需求清单，并对所列示的功能要求按"必须有"和"可以有"进行分类。要求每一个供应商根据所提供产品对客户功能需求的覆盖程度进行打分。

除了功能要求外，客户还应该了解供应商能否满足自己的非功能需求，其中包含产品的许可授权成本、实施时间、技术以及上线后的支持和运维等。客户应该了解应用软件的部署要求，以及在产品实施及实施后的支持成本。

客户可以根据供应商的产品能否满足客户的功能和非功能要求进行加权，获得相应的评分。在这一环节就可以淘汰一部分供应商。在实际操作中，过了这一环节进入第二轮筛选的供应商至少会有3家，但不会超过6家。客户与供应商共同核实清单并进行打分是一个令人疲惫且非常昂贵的过程。

客户应该要求供应商把授权许可合同和工作说明书（Statements of Work，SOW）的样本作为非功能要求核查项提供给客户。正式协议的措辞也可以帮助客户了解供应商的个性和经验。

全面的产品演示

客户可以邀请每一位供应商为内部用户群进行演示，重点突出产品与客户的功能和非功能需求相关的特点。这期间客户需要做大量的笔记，针对每一个产品能否满足自己的需求，以及能满足到什么样的程度进行打分。

客户在产品演示之前就应该确定好判别是否符合标准的整体的阈值分数。我们可以推测至少会有一家供应商会通过这个门槛。得分最高的候选供应商继续进入下一轮评估。

为防止得分最高的供应商在下一阶段筛选中被淘汰，客户可以要求本轮的"亚军"一起加入筛选。或者，也可以邀请"亚军"供应商来对比前两个候选应用系统并找出其中的差异。"亚军"供应商参与的合理性在于可以避免合同谈判等环节可能出现的难题的影响。因为多了一个备选方案，客户就有了谈判的筹码。

概念验证

客户应该邀请得分最高的供应商使用一套正式的、具有客户业务代表性的业务场景脚本来演示他们的产品。脚本可以包含一些最难管理的业务场景。因为这种概念验证测试可以帮助客户提前了解日复一日地使用该产品时的大致体验。

客户付费邀请供应商为概念验证测试准备和配置其产品是行业内比较普遍认可的做法。通常情况下概念验证测试需要几天到一周的时间。为深入测试一个产品的能力而花钱是很值的，因为除了一分价钱一分货之外，如果客户在签署许可协议和开始实施产品后再发现以前没有注意到的产品缺陷或使用上的不足，可能会造成更大的损失。

A.5 总结

市场上不断有新的供应商出现，也有供应商消失。其中有些没能获得足够的市场份额来打造自己的品牌知名度，他们的产品从市场上消失了也不会引起注意。比较知名的品牌看似经过多次转手都不会从市场上消失。但是，回顾行业内的几次收购，例如Caminus、Ventex和现在的ION，即使是最知名的品牌也有可能在一夜之间消失。

在ION系列产品案例中，我们观察到相互竞争的产品加入产品组合对ION这样的组织造成的压力。不同的产品该如何进行营销？哪一种产品应该推销给什么样的潜在客户？当每一种产品都需要专门为其服务的开发、实施和运维团队的生态系统时，如何通过收购竞品来获得成本效益？当一个产品表现不佳时，ION应该怎么做？哪种产品值得继续投资增强其功能？

  如果客户要购买应用软件，特别是CTRM/ETRM应用软件，应该重点关注对供应商及其产品进行的全面评估。客户可以从多个维度对供应商进行评估，之前提到的所有权结构、财务状况、供应商在客户中的口碑、技术堆栈、产品提供和供应商个性等都可以作为客户的评估维度。需求清单、全面的产品演示和对软件的概念验证测试等可以作为客户进行标准化软件选型的指南。

  购买CTRM/ETRM应用软件的客户应该选择具备经济实力和合作精神、致力于不断改进软件的供应商，以及功能丰富能够满足特定需求的、现代的、基于先进技术堆栈的产品。

  客户购买应用软件时常常纠结应该购买功能较少的现代技术产品，还是购买功能丰富的基于老技术堆栈的产品。这是当前所有的买家都在面临的现实困境。迁移应用软件技术堆栈是一项艰巨的工作，但是丰富产品的功能也需要很多年的努力。

  如果一个供应商看起来会信守承诺持续更新其技术，并且有现实的计划来实现从现有水平到理想状态的跳跃，那么这个供应商很有可能是客户最安全的选择。与任何特定业务领域相比，技术学习曲线上升时间更短。然而技术只是知识领域的一个分支，产品所涉及的其他业务领域都必须单独进行钻研，完成这一过程需要多年的专注和经验。

买家工具

ComTech 在其网站提供在线可搜索的供应商和产品目录，无须注册就可以查阅。该目录会持续更新和维护，欢迎访问。

此外，ComTech 每年出版的《CTRM供应商指南》是对买家非常有价值的资源。这份免费的报告旨在为寻求深入了解CTRM/ETRM软件领域的产品能力和覆盖面的用户提供高度实用和丰富的信息资源。它是产品选择过程中的起点，是帮助客户在众多供应商名单里快速列出在功能和商品覆盖方面有最大可能满足其具体需求的候选者的指南。您可以在ComTech网站下载这本指南。

ComTech网站汇集了大量有关供应商、软件产品和整个大宗商品交易行业的见解类文章、新闻、视频、播客、白皮书及研究报告，供大家免费访问。

译后记

《大宗商品交易与风险管理智慧：CTRM 软件演进与创新》，正文总共11章，由翌能（北京）咨询有限公司组织翻译。

翻译组成员包括阿卜都热合曼·阿迪力（第5章），何扬（第4章），蒋珅（第7章），刘欢欢（第9章），美合日班·阿迪力（第2章、第11章、附录），沈丹（第3章），王濛（第6章），朱玙之（第1章、第8章、第10章）。校译组成员包括刘阳、张红叶、赵金水、郑春梅等。翌能（北京）咨询有限公司总经理郑鹏程统稿并校译，还为原作者版权授权等出版事宜做了大量工作。

在各方的共同努力下，本书终于与读者见面了。由于译者水平有限，译文定有不当和错误之处，恳请读者批评指正。

2024年9月